新时代高校财务管理创新理念与实践探索

吴海燕　著

中国海洋大学出版社
·青岛·

图书在版编目（CIP）数据

新时代高校财务管理创新理念与实践探索 / 吴海燕
著. —青岛：中国海洋大学出版社，2020.4
ISBN 978 - 7 - 5670 - 2517 - 2

Ⅰ．①新… Ⅱ．①吴… Ⅲ．①高等学校－财务管理－
研究－中国 Ⅳ．①G647.5

中国版本图书馆 CIP 数据核字（2020）第 100163 号

出版发行	中国海洋大学出版社	
社　　址	青岛市香港东路 23 号	邮政编码　266071
出 版 人	杨立敏	
网　　址	http：//pub. ouc. edu. cn	
电子邮箱	2586345806@qq. com	
订购电话	0532 - 82032573（传真）	
责任编辑	矫恒鹏	电　　话　0532 - 85902349
印　　制	北京厚诚则铭印刷科技有限公司	
版　　次	2020 年 4 月第 1 版	
印　　次	2020 年 4 月第 1 次印刷	
成品尺寸	170mm×240mm	
印　　张	6.75	
字　　数	114 千	
印　　数	1～1 000	
定　　价	36.00 元	

前　言

现如今，我国科学技术水平不断提高，教育事业发展迅速，尤其是高等教育的发展。高校教育对培养高素质专业人才、增加国家人才储备都有着十分重要的意义，因此，国家投入教育事业的资金越来越多，高校教育的发展也日益迅速。在迅速发展的高校教育中，高校的财务来源呈现多样化和多渠道的形式，随着高校财务收入来源及财务支出的复杂化，高校财务管理在高校可持续发展中的作用越来越重要。只有科学合理地完善高校财务管理制度与理念，才能够保证高校财政支出的科学性，保证各项财政支出能够充分应用到高校发展中，提高教学质量和教学水平，推动我国高等教育事业的发展。

全面深化改革，特别是深化教育领域综合改革是党的十八届三中全会关于改善我国高等教育的关键抉择和重大举措，为"教育强国，科技强国"传递了正能量，指明了我国高等教育未来的发展方向。要想实现"我的梦，中国梦，强国梦"，加大我国高校资金投入，深化教育体制改革，加强高校经济管理，提高教育资金使用效益，提升高校财务管理水平是重中之重。财务管理是高校经济管理的核心，资金管理是高校财务管理的"心脏"，制度管理是高校财务管理的灵魂，资源优化配置是高校财务管理的动力，内部控制是维持和保证"心脏"正常跳动的关键。但是新时代我国部分高校忽视了财务管理在高校可持续健康发展中的关键作用，导致财务管理体制僵化、财务运行机制呆板、预算管理不理想、资源配置不优化、资产闲置浪费多、资金使用效益难保证、经济活动无考评。为适应高校办学主体多元化，解决财务关系复杂化，满足财务管理精细化，完善经济行为制度化，做到内部控制标准化，达到资源配置最优化，实现资产效用最大化，笔者编写了本书。本书首先介绍了高校财务管理的相关知识和发展趋势，紧接着详细分析了高校财务管理模式在新时代的创新与实践，然后对新时代高校财务管理制度的优化与创新做了系统阐述，最后介绍了新时代高校财务管理中高新技术应用的实践探索。

本书最大的特点是针对新时代我国高校财务管理的现实状况及其存在的问题和应采取的措施进行了深入细致的阐述，问题经典，剖析透彻，总结全面，方法科学，脉络清晰，能够更好地解决当前我国高校体制僵化、机制不灵活所引发的预算管理效益差等问题，值得高校财务人员研读和借鉴。

　　本书在编写过程中，汲取了许多与本书研究相关的资料文献，借鉴和参考了国内外许多专家学者的最新研究成果，在此一并表示感谢。由于作者水平有限，疏漏与不当之处在所难免，恳请广大读者批评指正。

作　者

2020 年 1 月

目　录

第一章 导论

第一节 高校财务管理概述

一、高校财务管理的概念

财务管理（Financial Management）是筹集资金和分配资金的过程，为了保证单位的长远发展和目标的尽快落实，科学系统地分配资金，其中包括硬件设施完善的支出，多方向，多途径地筹集资金，整体运营过程中资金的去向，还有收入的分配，等等。财务管理是以相关的法律法规为基础，依据一定的财务数据，对企业的财务进行策划，保障财务运营科学合理地展开的一项活动，属于公司的管理层，也是企业生存和发展的重要环节。

高校是不以营利为目的的非营利组织，高校资金的运行也具有非营利组织的特征。高校财务管理是指高等院校在自身的业务活动中，合理地安排和使用所掌控的资金，来实现办学效益最大化，提高高校的声誉，完成高校的战略目标，推动学习健康有序地发展。目前，高校财务管理的活动主要包括筹资、投资、资本成本管理和资金分配管理。高校财务管理的主要任务是在充分分析高校自身实际情况且在不违背国家法律法规的前提下，尽可能多渠道地筹集资金，合理编制预算并控制和管理预算执行过程，加强高校资产的管理，建立健全各项财务规章制度，密切关注高校财务管理工作的展开和发展，等等。在实现高校整体目标的过程中，财务管理的作用至关重要，对高校的发展有十分重要的影响。

二、高校财务管理中的内容

（一）高校财务管理中的筹资活动

高校的日常活动要想正常顺利地进行，资金是前提也是保障，没有一定量的资金，日常的教学活动就难以为继，更不用说科研成果。所以融资活动是高校财务管理中很重要的一部分，也是第一步。基础资金可以通过不同的渠道和形式获得，如政府的财政拨款、上级部门的补助、国家规定可以留作自用的学费和其他一些管理费用、科研成果收入以及社会各界人士的捐款等，这些都是资金的来源。与此同时，学校还要支付利息以及其他的筹资费用，这些都是学校在筹资过程中的财务活动，在这个活动中，学校要争取用最低的成本来使效益最大化。

（二）高校财务管理中的投资活动

高校的投资活动可以分为对内投资和对外投资。高校将资金用于建造教学场地或购置教学仪器设备等固定资产，就是对内投资；用于购买债券等，就是对外投资。这些投资活动需要支出资金，或者出售固定资产，当获得收益或者收回投资时，就会有资金的流入，这些都是高校财务管理中的投资活动。

（三）高校财务管理中的资金分配

在高校的日常教学活动中，需要资金来购买设备和教学办公用品等，还有科学研究、专业建设、整体规划等多方面需要进行资金分配，因此资金的调动分配产生了资金的流出，这些资金也都是来自高校的整体资金。

三、高校财务管理的特点

高校财务管理与其他行业的财务管理有着显著的不同，带有自身的特点，总结如下。

（一）高校的预算编制具有计划性强的特点

高校在制定年度预算报告时，坚持收支平衡、统筹兼顾的原则，具有计划性强的特点。这种预算编制的原则，是由我国高校会计制度决定的。

（二）高校经费来源和筹资方式具有多样化的特点

我国一直实行教育优先发展的战略，国家和社会对教育的重视程度日益提高，也就要求教学质量、教学设备不断地提高和完善。这种长期稳定的需求，也是高校筹资的保证和基础。

（三）高校经济活动的非营利性

高校与其他财务活动主体的区别在于高校是非营利性组织。高校的科研成果虽然可以转换成商品，但是由于科研投入巨大，科研成果很难进行补偿。而且高校的投入经费一般没有经过严格的成本核算，难以计价和估量，而且高校的固定和无形资产并不计提折旧，所以财务会计并不能准确地进行考核。

四、高校财务管理的原则

高校财务管理工作要想有条不紊地进行，就要遵循相关的制度，这是规范财务管理工作者开展工作的依据。要遵守国家的法律法规和财务规章制度，能够准确反映财务活动的规律和要求。具体来说，根据《高等学校财务制度》的指示，高校财务管理的原则如下。

（一）依法管理原则

财务管理决定着高校管理的成败和方向，这就要求财务管理工作要依照国家对财务制度的相关立法，规范财务管理人员的行为。高校的经济活动的各方面发展导致了财务人员的工作多样性，所以要尽快形成科学、健康、有序的财务管理体系，这样才能推动高校财务管理的良性、健康、有序发展。

（二）多渠道筹集收入原则

学校的经费收入是学校发展的动力，主要由国家拨款和学校自筹两部分组成。随着我国高校的扩招，高校发展的经费需求越来越多，高校发展已经面临经费短缺的瓶颈，所以高校开始想办法尽可能多渠道地进行集资，以保证高校的正常财务支出。

（三）合理配置资源原则

适宜的配置和利用资源，提高资源的利用率，对学校的发展有着重要的意义。长久以来，我国一方面存在教育经费的短缺，另一方面又存在着资源的限制和浪费，这是影响学校的严重问题。所以高校应科学配置资源，提高资金使用效率和决策的科学性，产学研相结合，加快高校的发展。

第二节 新时代高校财务管理面临的挑战与改革创新

一、新时代下高校财务管理面临的挑战

（一）谋求内涵式发展是高校坚持的基本工作目标

党的十九大报告指出，高校要加快一流大学和一流学科建设，实现高等教育内涵式发展。高校发展应以提高教育质量为主题，为建成高水平大学，进入国际、全国同级同类高校一流大学目标而努力。这些目标对高校管理中的财务管理提出了更高、更严的要求，以及更高标准的任务。

（二）高校投入机制改革使竞争压力和资金缺口并存

高校投入机制改革通过改进资金分配和管理方式，更好地盘活存量资金和用好增量资金，可以更好地调动各类高校的积极性，激发高校竞争活力。因为投入机制以平均拨款为标准，并引入竞争机制，部分高校拨款强度相对减弱，差异性增大，资金压力会越来越大。

（三）学生人数的增加和经费的增长造成"报账难"问题

目前高校学生人数增多，全日制学生及非全日制学生人数每年递增，高校的收入及支出也逐年增加，每月的凭证量也在飞速增多，业务量大增，而财务人员与递增的业务量相比，很难相匹配。随着学生人数和高校资金总量的增加，"报账难"等财务管理问题日益突出。

（四）高校财务业务的复杂性和规范性管理之间问题突出

随着高校的不断发展壮大，面临的问题也逐渐增多，而经费来源渠道多，支出业务面大，造成业务的复杂性和财务管理的规范性之间的矛盾也随之加大。因此，财务管理需及时理清思路，建章立制，明确责任，疏通业务。

二、新时代下财务管理的改革与创新

针对高校在新形势下发展中遇到的挑战和问题，需要通过机构、人员、管理目标和制度、流程的改革调整，以及财务信息化建设推进财务管理创新。在开源节流方面，引入竞标机制，把现有资金资产用足、用活，向创造新的价值等方面努力，不断提升财务管理能力，为广大师生提供优质服务，满足学校的发展需要。

（一）思路清晰，创新财务管理理念

高校财务要始终坚持"权责清晰、流程规范、风险明确、措施有力、制度管用、预警及时"的财务管理与服务理念，在夯实财务基础、健全财务制度的前提下，以全面预算管理为出发点，以整合优化财务信息系统为抓手，构建全方位的财务管理统一决策支持体系及完备而有效的内控体系。在学校党委和行政的领导下，高校财务领导及财务人员要积极开展工作，围绕着如何"管好财、理好财"两个基本点，在"树立服务意识，创新服务举措，努力做好服务工作"和"加强资金管理，规范财务行为，努力提高资金使用效益"等方面积极主动地采取措施，以清晰的财务管理理念和思路按照学校发展对财务管理的要求做好工作。

（二）强化预算管理，缓解资金压力

随着高校事业的全面发展，资金压力越来越大，要通过以下方面狠抓预算管理：一是合理编制预算。以全面、细化为编制预算的出发点，围绕高校发展目标，通过保基本、促发展、上水平，统筹分配资金，保证有限的资金充分利用急需事务。二是严格预算执行，维护预算刚性、严肃性。学校预算需从学校层面进行决定，形成文件执行，遵循无预算无开支原则。三是预算实行精细化管理。通过经济用途项目明细科目，从源头上控制经费的乱开支，这样有益于资金规范使用和资金节流管理。四是建立资金结转结余的定期清理机制。对结转两年以上的项目资金进行清理，对无特殊原因的项目进行封存或收回处理，对日常公用经费采取年度内收回措施。这样可以盘活存量资金，减少结转经费指标对当期指标的挤占，提高资金使用效益，并在一定程度上缓解资金压力。

（三）搭建系统平台，实行流程再造，解决"报账难"问题

1. 系统平台的搭建

一是在高校的服务大厅设置预审台和咨询台，配备业务能力强、服务态度好的财务人员从事财务预审、咨询和接单工作，解决师生员工由于对报账有关业务不清楚、政策不了解，以致为报账而多次跑财务重复排队的问题。二是积极推行财务信息化建设，努力提高服务水平和质量。运用互联网，建立财务综合信息平台，实施网上预约报账、网上申报薪酬和管理、网上学费缴纳及查询、经费收支项目和个人收入及个税查询系统、无现金支付等财务信息化建设，减少误差，提高信息采集效率，加快财务业务处理速度。三是强化窗口建设，营造宽敞、舒服、轻松的报账环境。当今，一部分高校财务部门常为了财务安全，设立封闭式的报账柜台。为创造更好的财务报账环境，实现平等对待，可以将原有的封闭式报账柜台改为开放式柜台，安装播放报账业务知识的屏幕，搞好前台绿化卫生等，让师生员工能在宽敞舒适的环境中和财务人员进行无障碍的沟通、交流，这样可以极大地缓解师生员工因等待报账而产生的焦急、烦躁情绪。

2. 流程的大数据改造

实行网上预约报账，解决报账排队问题。建立网上预约报账平台，减少师生员工的报账等待时间。同时为方便师生员工"零星"费用或有急事报账的需要，开设"绿色通道"报账窗口，优化程序，整合资源，努力减少师生员工到现场的办事时间，提高报账效率。

3. 加强沟通交流

在高校内，各个部门都与财务息息相关。财务部门要通过调研，加

强沟通，及时宣传有关财务制度、报账业务知识和常识，消除各部门在报账工作中出现的抵触、消极情绪。同时，通过调研也可以对各部门所反映的报账中存在的问题做出反馈及处理。采取"走下去，请上来"的办法，不定期地到校内各部门举办培训班，对学校相关财务制度及财务报账的基本要求进行宣传、培训，并现场解答师生员工提出的相关问题，使全校师生员工能够更好地了解和掌握报账方法、技能及相关规定，少走"冤枉路"，少花"冤枉时间"，提高报账效率。

4. 创新报账方式

针对财务业务递增问题，参照部分地方财政实施的"委派会计人员"的方式，结合高校实际，采用"委派预审会计人员"报账方式，建立"流动服务站"，即按单位（或报账业务量）或者按单位区域设立预审点，由财务委派会计人员到预审点进行报账业务预审和接单。财务专业人员到单位执行报账预审业务和接单业务，既可以提高报账效率，减轻师生员工工作量，同时也可以现场培训和普及财务业务知识。财务建立有关人员委派、资料保管、报送、监督、轮岗、评价等事宜的管理和控制制度，规范自身行为，防范财务风险。

（四）探索新思路，创新完善管理制度

为适应新时代的要求，规范和加强高校财务管理，高校财务部门要依据国家有关法律法规规定，结合学校实际，制定及完善各项财务制度，进一步规范财务行为，尤其对新的规定和要求要读通、读熟，融会贯通，并及时做好宣传和培训工作。同时，要建立以"绩效为导向"的预算管理方法，建立绩效评价机制，采取措施向预算执行好的单位倾斜，发挥资金杠杆作用，提高资金使用效益。新时代下，财务管理机会与压力并存，高校要以教育综合改革为契机，增强机遇意识、忧患意识和责任意识，保持清醒头脑，主动适应环境变化，提升高校自身的财务管理水平，从而实现高校内涵式发展，实现高校价值增值。

第三节 新时代高校财务管理的发展趋势研究

一、基于云平台的财务管理模式

（一）"云"信息管理系统是高校财务管理改革的必然趋势

中国高校的规模和层次大小不一，财务管理的水平、管理模式也各有侧重，虽然都实现了财务管理信息化，但大都仅仅停留在做账、信息输入、凭证与报表生成等初级功能上。统计分析、部门之间相关信息互通，仍需人工查询、核实，远远没有达到信息系统提出的大数据、大融合这一目标，信息不对称问题较突出，资金投入使用和效益经常发生冲突，科研经费的使用与监督也存在机制方面的矛盾。高校财务部门与各部门及管理层、监督层之间信息沟通困难、不对称、不清晰，造成资金的浪费和监督审计的不及时以至缺位等问题。

随着高校的资金来源和收入渠道的逐渐增多，经费总量也在不断增大，支出和使用的政策越来越明细，监督部门监督的侧重面各有不同，现在各个高校所使用的财务管理系统不尽相同，给监督部门提供的数据类型更是五花八门，没有一个统一的统计口径及标准，为了给监督部门提供他们所需的资料，财务人员加班加点赶数据，大大增加了财务人员的工作量。

如今财务方面虽有海量的数据沉淀，但不能很好地开发利用，大数据的战略意义不在于数据信息的庞大，而在于对这些数据信息进行专业化的加工处理，使其增值，并通过不同的方法得出不同的分析结果，显现出它们之间的相关性和因果关系，使海量数据和信息通过有目的的再加工、分析、提炼，得到新的数据和信息，提高财务智能化分析能力。高校沉淀的数据和信息有关于历史的、现实的、模糊的、清晰的、结构性的和非结构性的，具有多样化的特点。对这些数据和信息需要从不同角度、不同层次进行分析，得出有生命力的新的数据和信息，这样不仅能提高财务决策的有效性和合理性，还对高校的发展改革具有极其重要的参考价值。

目前各高校财务管理、资产管理、学生管理、人事管理、后勤管理等系统都是独立运行的，各家的数据、信息不能共享，没有统一的标准接口。这些数据信息不能进行有效及时的汇集整合，不能相互发生有效数据验证功能，不能分析全局性、综合性的数据信息，不能及时准确地反映实际情况。所以建设基于"校园网"的高校智能化"云"信息管理体系势在必行。大数据"云计算""云财务"能对高校多年沉积的财务管理、资产管理、学生管理、人事管理、后勤管理等各系统数据信息进行全面挖掘、分析，得出新的数据和信息，用于指导学校的财务管理和对学校整体发展规划提供方向性意见。

要达到此目的，必须打破数据信息存储的壁垒，建设智能化综合管理平台，通过科学的数据采集，进行有目的的智能分析，算出各项成本，为高校进行各方面有效的成本控制提供科学的决策依据和准确的数据支撑。

（二）高校"云"信息管理系统财务管理的基本模式

高校"云"信息管理系统是一个综合的计算机信息管理系统，是一个高度集成的跨部门、跨层级的数据平台，它包括人事管理、财务管理、基建管理、资产管理、学生管理、后勤管理、查询统计等模块。该系统利用"私有云"技术，在数据中心部署高校信息化综合管理平台，基于校园网的各高校使用统一的平台，平台同时也可以通过专网给教育厅、财政厅、人事厅、审计厅等外单位提供所需的数据，在各个高校部署校园"一卡通"、手机 App 自助系统（学生版、教师版）来延伸前端数据采集功能，提供更全面的数据。

财务管理是高校信息化综合管理平台的重要组成模块，它与人事管理、资产管理、学生管理、后勤管理、基建管理有高度的耦合性，又具有独立性和很强的专业性，高校财务管理在"云"系统中有如下特点。

1. 管理监督的实时性

高校在"云财务"管理模式下，管理层和监督层及财务数据使用者均可即时掌控财务运行情况，实时查阅财务数据，实时监督实时纠错，信息的同步和共享变得更加便捷高效。

2. 操作的灵活与便捷性

"云财务"具有灵活的自定义功能和极其个性化的服务，完全可满足服务对象的各种需求，并能将会计核算、会计分录、报表等应用中具个性和变化的所有要素转化为会计软件中的自定义功效，可根据服务对象需求提供信息。

3. 应用的无限制和低成本性

高校财务的全部数据和资源都存储在"私有云"中，财务工作人员可即时处理各类账务，不会受到时间和空间的限制，可减少硬件操作，节约运行购置和维护成本。同时财务人员可从重复单一的工作程序中解放出来，他们可以下基层为广大师生员工提供业务辅导和帮助，实现财务服务重心的下移，体现服务育人的宗旨。

4. 数据的鲜活和决策支撑性

"云财务"可以提取人事、基建、资产、学生、后勤等各种数据，通过大数据分析为领导决策提供依据和数据支持，如基本支出与项目支出比重、预算执行率、人员流动比例、基建项目进度分析、学生缴费和学籍变动比例分析、各类贷款统计分析及跟踪情况等。

通过网络服务实现财务职能是未来高校财务管理工作的改革方向，基于云计算基础上的"云财务"是高校财务管理进程中一次革命性的飞跳。"云财务"既能提升财务管理的效能，同时可以将财务工作人员从现行烦琐的财务管理模式中解放出来，将传统的固定办公室变为互联网上的虚拟办公室，线上线下远程办公，既方便又极大地提高效能。随着计算机技术日新月异的进步，财务管理模式改革还将随着计算机科技的进步而改进和升级。

（三）高校实行"云财务"管理模式的难度与对策

1. 领导重视统一认识

高校实行"云财务"管理，不仅是财务管理模式的一次改进和升级，而且促动全校各个职能部门管理模式的改变，对高校整体管理和服务都将是一次革命性飞跃。

任何一种模式的变化或改革，都会有其不确定性，加上计算机技术本身还尚不完善，把高校所有管理数据和信息提交云存储、进行云计算、实行云管理，它的保密性、安全性、可靠性让决策者和使用者有所顾虑。所以学习、研究、设计防范风险的预案需要周密、细致的前期准备工作。领导重视、上下统一认识是"云财务"管理模式的基础。

2. 加强制度的适应性和一致性建设

各高校内部管理制度都存在各自为政的情形，财务、学生、资产、教务、后勤等部门的管理制度，大都各自成体系，相互之间的一致性不高。要建立全校性的数据信息、制度等统一的平台，进行云计算，必须相互融合及统一。各管理职能部门提交给信息平台的数据、信息、制度、规定、办法、流程等必须相一致，要统一标准，规范化建设。现行的保密和安全制度要按照云存储、云计算的特定要求进行相适应性修订。

3. 防范风险，确保信息安全

"云财务"模式所有的数据信息"储存在云，程序应用在云"，如何保障云上财务数据信息的安全是"云财务"管理模式最让人顾虑的一个重要因素，也是高校不能大规模使用的重要原因。此外，计算机病毒以及黑客的恶意攻击，都是我们担心顾虑的方面，也是必须强化管理和防范的方面。首先，在选择服务商时，应对服务商的规模、服务水平、价格和信誉等因素进行综合考察，应重点关注云服务的安全性、稳定性、可定制性、可扩展性以及技术支持，严格审查考核服务商安全管理措施和防护体系。其次，要充分结合密钥管理、数据库安全性、域安全性等技术对数据进行加密处理；利用虚拟机进行防护，构建虚拟安全网关。对信息操作人员要设置不同的权限以及权限的互相监控。同时加强对操作人员的安全教育与培训，建立严格的安全管理制度。

4. 加强软硬件的研发和投入

高校应加大软件的研发与硬件建设的投入，充分应用防火墙技术，定期升级病毒库，对于侵入专网的介质进行病毒处理，建立严格的安全、管理制度和维护体系，确保系统的安全。

5. 加强人才队伍的建设

高校应提前引进储备"云财务"管理模式所需要的人才，同时培训现职财务工作人员。可以先招聘或培训几个骨干，然后带动指导大家在实践中学习提高"云财务"管理模式。新的管理模式对现行工作人员来说既是角色转型，也是知识、理念的一次飞跃式提升，要求具有财务、互联网、计算机等知识的全能型人才。要通过学习、培训使现职相关工作人员充分认识到"云财务"管理模式是云时代、计算机科技进步，给财务管理以及高校的整体管理带来的一次革命性的变革，对财务工作者是一次生产力的解放。

二、人工智能带来智能财务变革

在中国市场上，人工智能在管理领域的应用正处于探索期，但刚刚起步的人工智能，其基本特征和表现也为企业带来很多改变。未来，企业共享创新实践中很重要的一个就是人工智能应用，企业在构建共享服务中心的时候，就可以考虑引入这个技术手段。重复性高的基础工作正被计算机程序所取代，财务人员被解放出来，从事更有价值的管理活动，包括跟踪和研究市场上这些新的技术手段。

例如，在用友推出的财务云产品中，有很多智能化的产品，包括基于人工智能的一系列应用，其中很重要的一个功能是智能化的单据识别、票据验伪、认证抵扣等，这些已经有了很成熟的实践。人工智能将对票据进行自动识别，识别完毕后对票据上的关键字段进行自动锁定，查询其关键信息是否与已储存的信息相符；云产品和税务系统直联，单据扫描后人工智能将对程序进行自动调用，对票据真伪进行验证，并进行自动抵扣认证。过去，一名会计人员完成一张单据的处理需要花费比较长的时间，而在人工智能的系统里，只有单据采集的这个瞬间是需要人为干预的，整个过程的自动执行时间大概是 2～3 秒。3 秒后，会计人员就可以得到反馈结果。

人工智能应用的另一个重要功能是智能报账。在社会化连接下，财务的报销工作可以智能化展开，人工智能不仅能根据规定程序减少报账过程中的重复作业，自动完成凭证制作、结账关账以及智能查询报告，而且能依靠其深度学习能力，自动扩展对字段和业务特征的识别，扩大其作业范畴。只要是财务人员从事技术工作中有规律可循的，陆续都将由人工智能来完成和取代。

人工智能的第三个重要功能是人机交互，包括语言交互，这也是未来智能财务的一个重要发展方向。

人工智能的这些功能发展将会伴随式地进入"财务云"及共享服务产品的方方面面，并不需要花费很高的代价和成本就可以使用。反过来，在搭建共享服务中心时，是否考虑人工智能的应用，所测算出来的共享中心人工成本、运营成本、管理成本，差异都是非常大的。

三、平台融合推动真正的业财融合

当所有的信息化应用都走到云端，社会化连接就变成了可以达成的事情。过去我们的财务部门需要应付银行、税务、工商等一系列的外部单位，财务人员需要计税、报税、向银行付款等，这些在云时代都可以通过厂商所提供的、与国家数字系统和银行服务系统直联的云产品来完成。在云时代，社会化研究让技术应用越来越广泛，这些很好地促进了财务转型升级，以及提高了财务工作的及时性和准确性。企业在工厂商的帮助下将前段业务系统通过中间的边缘系统对接到后面的财务系统，真正实现业财融合。

在过去所有的财务主管的印象中，财务系统包括总账、报表、应收应付、预算、资金等一体化的平台，业务系统是采购、销售、库存、生产等平台。现在，我们在搭建共享服务中心时产生了新的软件系统——综合合同管理平台，或者说合同信息共享平台，这是一个财务与业务融合的过渡信息平台。我们可以把前端的采购、销售、投资、工程、普通合同提取到合同管理平台上，在这个平台上，保留了与财务相关的所有合同的台账，同时在这个平台上完成合同的一些预警、付款状况的查询跟踪等，后续所有属于财务的付款、审计、发票处理等都和中间过渡系统链接，财务人员每付一笔款都可以查询到与之相关的付款信息，真正帮财务人员进行内控。

这只是科技创新对于财务升级提供支持的一个例证。还可以使用依托软件平台的绩效管理系统、质量管理系统、与银行资金系统链接的收入集合系统、基于社会化研究的智能报账和商旅服务系统等。总之，财务3.0的时代，是云财务和智能财务的时代，中国企业将在技术创新的支持下，实现财务管理的不断升级换代。

第二章　高校财务管理的基本内容

第一节　高校预算管理

一、高校预算管理的定义与分类

（一）高校预算管理的定义

《高等学校财务制度》中将高校预算管理定义为："高等学校根据事业发展目标和计划编制的年度财务收支计划。"高校预算管理是学校各二级单位日常部门收入、支出的主要依据，是高校资源分配的具体体现，也是学校规模和发展动态的货币反映。

高校预算管理是财务管理的重要内容，其主要由收入预算及支出预算两个重要部分构成。预算管理贯穿高校财务活动的全过程，包括预算编制、预算执行、预算控制、预算评价四个环节。通过预算编制，明确工作目标；通过预算执行和控制，逐步实现并优化工作目标；通过预算评价，分析成果和目标之间的差距，为未来预算的编制提供信息。

（二）高校预算管理的分类

1. 根据内容划分

根据内容将高校预算管理划分为收入预算管理和支出预算管理。

收入预算管理是指高校对年度内各种形式及渠道可能取得的，可用于进行教学、科研及其他活动的非偿还性资金的收入计划及其管理，具体包括上级补助收入、财政补助收入、教育事业收入、科研事业收入、经营收入、附属单位上缴收入和其他收入预算管理。收入预算管理是完成高校事业项目计划的保证，体现了高校经费来源结构。

支出预算管理是指高校对年度内用于开展教学、科研及其他活动的支出计划及其管理，具体包括事业支出、经营支出、对附属单位补助支出、上缴上级支出和其他支出预算管理。支出预算管理反映了高校的资金规模、发展方向和发展力量。

收入预算管理和支出预算管理两者互相依存，共同组成学校的预算管理。

2. 根据范围划分

根据范围将高校预算管理划分为校级预算管理和所属各级预算管理。

校级预算管理是指高校除国家和地方政府拨付的基本建设资金和独立核算的校办产业经营支出以外的全部资金收支计划及其管理。校级预算管理的核算直接反映学校预算收支执行情况。

所属各级预算管理是指包含在校级预算之内的，由学校下属各级非独立核算单位及部门编制，或具有特定用途的项目资金收支计划及其管理。它包含学校所属各级非独立核算单位或部门的预算管理和具有特定用途项目资金的收支计划管理，如科研项目经费预算管理、捐赠收入预算管理。

二、高校预算管理存在的问题

伴随着我国高等教育的改革与发展，越来越多的高校认识到预算管理的重要性，并在预算编制、预算控制等方面取得了一定的成果。但是高校对预算管理仍存在很多认识和实践上的盲区，如缺乏完善的预算管理体系、对高校预算管理的认识不够全面等。一些高校在预算编制时仍然沿用粗略的估算方法，预算的执行也存在比较大的随意性，如频繁增减预算项目、认为对预算执行结果没有考核和总结的必要等。

（一）预算编制中存在的问题

1. 预算编制缺乏前瞻性和科学性

长期以来，高校主要以以前年度的日常收支作为预算编制的基本标准，并适当考虑影响收支的因素，凭经验而定，缺乏可信的基础和规范的方法，缺乏科学的分析预测，只是在既定的收支之间安排资金，没有很好地将预算编制与学校未来收入能力的预测结合起来，缺乏前瞻性。这样就使得原先巧立名目、预算虚高的部门，资金更宽松有余，而未来可能获得高绩效的项目归属部门反而得不到资金支持，资金流向不合理，严重影响资金的使用效率。

另外，预算编制人员往往不参与学校战略规划的制定，对学校的发展方向不了解，对下年度的工作计划和学校复杂的业务活动知之有限；各部门之间缺少沟通；预算编制也很少让学校全体成员参与讨论，导致预算与学校发展战略的相关程度降低，无法实现预算的增值功能，不能实现对学校资源的有效配置，阻碍了资源的共享。因而预算编制内容通常不够全面，失去了应有的科学性，预算目的扭曲。

各种项目的预算编制往往缺乏必要的论证，诱发导向性错误。在人员经费预算的校内津贴部分，高校普遍根据教师完成的教学工作量、获得的科研经费数额、发表的论文数量、出版的学术专著、申请的专利数量、获得的教学科研奖励等来决定其应得校内津贴的数额。在实际工作中，这些考核标准很复杂，其不合理性滋生了学术腐败，导致科研成果在数量增加的同时，质量下降。另外，不少高校采用综合定额的方法来确定公用经费预算，但对综合定额的制定缺乏充分的论证，导致综合定额的组成内容和计算动因不科学。对于项目支出的管理，在预算申报环节，虚报预算的现象十分严重。

预算编制的不科学还体现在对高校预算编制缺乏有效的监督上。预算编制是学校管理中的重大活动，学校各部门均应参与协调性论证，并对预算编制过程进行监督；而实际的预算编制过程主要由财务部门负责，缺乏有效监督，在预算中或多或少地出现了领导项目、关系项目。同时，由于缺乏科学的经费支出标准，预算编制部门只能主观核定支出，既不准确又严重地影响了预算安排的公平和效率。

2. 预算编制缺乏风险意识

目前，高校的预算管理一般只是收支预算管理，忽视了对一年中不同时段资金需要量与供给量差异的预算，忽视了对筹资需求和筹资能力的预测，以致学校的发展规划与资金供求计划脱节，缺乏风险意识，不利于学校规划的实施。目前高校预算管理风险意识缺失主要表现为债务预算管理的不完善。随着高校规模的急剧膨胀，高校的银行贷款也快速增加，还款压力给高校带来了极大的经济负担，甚至出现学校年度剩余财力不足以支付贷款利息的现象。高校负债运营可能带来的财务风险在预算编制中缺乏体现，难以实现预算平衡。多校区办学的高校更是存在办学成本高、学校经费投入分散等弊端，抗风险能力较弱。

3. 预算编制内容不全面

当前，高校实行全校当年总收入和总支出的综合预算管理。从理论上说，高校预算的编制应当具有综合性，更能反映学校资金运转的全貌。但是在实践中，由于高校资金来源渠道的不断增加，出于多种原因，高校某些院系、部门的资金并没有全部纳入高校预算体系，脱离了预算监督，形成了资金在高校预算管理控制外循环，容易滋生腐败和贪污，影响资金安全。纪检部门查处高校违纪经济行为的有关资料显示，高校的预算外资金主要包括：被有关专业系部截留的各类办学收入，各部门私下收取的学生有关服务费用和住宿费，按规定应该上缴学校的培训费和图书、教材折扣费，各部门应上缴学校的各项对内对外服务收入，出租、变卖学校资产设备的收入，等等。《高等学校财务制度》为了如实反映学校资金收支的总规模，提出了高校预算新理念，并规定了"大口径"范围。但是在实际工作中，各高校编制的预算往往只是教育事业的收支预算，而没有将科研收支、基建收支、经营收支和其他收支等纳入学校的预算编制范围，未能体现"大收大支"的预算编制原则，也没能形成"大预算"的格局。

高校在编制收入预算时，对于财政拨款、事业性收藏和科研经费三类主要收入及其他收入预算也都难以做出准确估计。就财政拨款而言，由于其每年指标下达的时间严重滞后于高校预算的编制时间，而且高校在预算执行过程中，追加财政拨款也是常见现象，这导致高校无法准确估算财政拨款，使得预算收入的整体性受到影响；就事业性收费而言，高校预算编制的时间通常在年末，尚无法准确预算年度的入学学生的专业、人数及学费减免情况，导致无法准确估计学费收入，而只能根据往年数据进行增量预算，这往往与实际情况相差甚远；就科研经费而言，高校在编制科研收入预算时，关于科研收入源于哪里、是否能够实现、什么时候可以实现、科研项目的执行期多长、科研拨款是按进度还是按时间拨付等问题，通常给科研预算编制带来极大的不确定性。

支出预算的编制同样具有不确定性。虽然相对于收入预算而言，支出预算的可控性更强些，但是对于未来发生的支出，高校同样无法做出准确的估计。高校可以采用提留机动经费的办法来应对无法估计的未来支出，但又会面临机动经费的预算编制问题：机动经费不足，可能造成预算执行中无款可支的局面；机动经费过多，又会增加预算执行的随意性。

4. 预算编制方法不恰当

高校在编制预算时，基本上采用的是基数加增长的预算编制方法。这种编制方法操作简单，但不透明、不规范、不科学，更不符合公平原则。采用基数加增长的方法编制预算，在上年的预算基础上进行，这等于忽视了上年预算中不合理的部分，认定上年预算收支情况合理。这种方法固化了资金在校内部门的分配比例，使得各部门盲目扩大预算规模，却不关注预算的执行情况，资金使用效率低下，浪费现象严重，甚至导致高校重要发展项目因得不到充足的资金而无法进行。

部分高校采用零基预算法编制预算。零基预算是企业预算编制的有效方法，是加强高校预算管理的一种尝试。目前在我国高校推行零基预算制度存在以下问题：

（1）编制零基预算要求机构设置精简、职责明确，以便于确定决策单位与控制一揽子决策的数量。目前我国高校的预算编制职能机构设置不合理，部门间职责、权限界限不清。在这种条件下采用零基预算编制法，会导致决策单位不明确，可能在制定一揽子决策中出现偏差，使资金支出过大而使用效率低下。

（2）目前高校的零基预算只反映预算内资金的日常经费收支，不反映预算内安排的建设性支出和事业发展性支出，更不包括预算外资金和自有资金。

（3）编制基本支出预算时，由于取得的基础数据大部分来自各个部门和单位，因此数据不完整、不准确、不真实的情况时有发生。对于灵活性较强的项目，软指标不易确定，使得一揽子决策方案的制订和选择带有很大的主观随意性。

（4）零基预算编制过程烦琐，编制技术要求高，需要进行复杂的预算分析和数学模型构建，而且涉及大量的预算信息收集和处理工作，使得零基预算的可操作性大大减弱。

5. 预算编制时间不合理

充足的编制时间是保证预算编制质量的前提条件，但目前高校一般都是在 12 月份才布置下年度的预算编制工作，1 月份就要完成编制，全部时间不到 2 个月。时间的不充足导致预算项目论证不足，甚至重点项目也缺乏精确的分析数据。预算编制晚、时间短是导致预算编制不准确、不科学的重要原因，也必然形成预算执行中要求追加经费的局面，影响了预算管理的严肃性。

6. 预算编制人员不符合要求

预算编制是高校的重要工作之一，涉及各个部门和全体成员，各部门和教职工均应积极参与协调性论证。但现状是预算编制过程不公开、不透明；下属部门和教职员工对预算编制的重要性缺乏足够的认识，认为预算编制是学校领导和财务部门的事，对参与预算编制热情不高，对预算编制过程缺乏有效的监督。虽然预算编制涉及学校各部门和全体员工的利益，理应由大家共同参与、协调完成，但在实际工作中，一般由财务部门单独完成，这导致预算安排中的某些不合理现象不能及时得到纠正，影响了分配的效率、公平和学校的发展。

另外，预算编制人员的素质良莠不齐也会对预算编制产生不利影响，导致同一经济内容的预算编制口径不相同，造成项目资金重叠投放。例如，不认真的预算编制人员在编制预算时会把若干金额较低的项目合并管理，对于合并项目实施粗放的核算和监督，从而使得预算不真实、不完整，与预算编制的明细反映原则相悖。

（二）预算执行中存在的问题

高校预算编制后，一经批准，即具有严肃性和权威性，应严格执行。目前大多数高校的预算管理在执行过程中不同程度地存在以下问题。

1. 预算执行缺乏约束力

高校预算具备很强的权威性，一经批准下达，一般不得改变，校内各部门、单位和个人都无权对已批准的预算做出增减的决定。但是目前在高校的预算执行过程中，预算的严肃性、权威性都没有得到很好的体现，预算执行随意性强。在收入方面，经常存在预算收入不及时入账或长期挂账的现象，导致会计报表信息失实；在支出方面，资金节约意识不强，预算指标到位率低，或者即使到位，也因人为因素在预算执行中频繁追加，年度支出数往往高于预算数，导致资金不能按原有的预算项目口径运行。这违背了收支配比原则，使得高校预算管理发生偏离，削弱了高校预算的约束力。

2. 预算执行机制不健全

高校在预算执行过程中往往缺乏资金预算管理的有效机制。例如，高校中不按预算编制口径支出的情况就很常见；高校不同程度地存在项目支出界限不明朗，将项目之间的经费混乱使用，报销经费不归口的问题。另外，由于部分高校采用传统的成本中心模式进行校内预算拨款管理，将预算支出招标分配至管理部门，再由管理部门将指标逐级分配至院系或者具体项目，在具体执行过程中，由于预算编制粗略，执行的中间环节过多，经常出现主管单位截留和挪用下属单位经费的现象，从而导致下属单位资金不足，难以实现既定目标。

3. 预算下达不及时

一般来说，高校的校内预算到当年4月份前后才能下达，此时全年时间已经过去四分之一。这样一来，内部预算尚未下达的几个月中，高校实际上处于无预算管理状态。由于预算未下达，各部门的运行资金只能靠预算赤字解决，在预算支出上也只能参考上年的经费指标执行，从而给高校预算执行带来很大的隐患。这种情况严重影响了预算的严肃性和权威性，降低了高校管理的有效性。

（三）预算控制中存在的问题

加强预算控制，必须建立起有效的预算控制体系，缺乏有效的预算控制，再好的预算也不能达到预期的目的。高校预算控制体系包括事前控制、事中控制、事后控制三项内容。目前有些高校对全面预算控制的认识不足，尚未建立完善的预算控制体系，有的虽然已经建立，但控制不力，形同虚设，使得高校的预算管理部门缺乏对预算执行过程中因各种主、客观因素影响而造成的变化进行快速反应的能力。预算控制力度不够削弱了预算管理的权威性。

1. 事前控制的问题

很多高校长期发展规划意识不强，缺乏对整体资源的合理安排和规划，甚至对学校未来一年内的运营能力、现金流动性和一年后的财务状况缺乏必要的分析与判断。同时，事前控制还存在预算下达滞后的问题。高校预算反映学校年度内所要完成的事业计划和工作内容，同时也反映学校的事业发展规模和目标，预算下达的时间滞后，必然会使学校管理的有效性降低，目标的实现受到一定程度的影响。由于预算编制时间不充分和预算指标下达滞后，事前控制成为一种事后预算，失去了事前控制的作用。

2. 事中控制的问题

我国高校原则上执行全面预算管理，但从实际情况来看，预算控制主要以事后控制为主，缺乏事中控制。预算下达后，如果不进行严格的事中监督与控制，就失去了其应有的意义。部分高校在预算执行的过程中，由于管理手段的局限和责任感的缺失，常会出现预算执行部门对于本部门的预算执行情况掌控不准确，只有在预算即将超标或已经超标时才对年度预算开支内容及合理性进行分析的现象。此外，因预算申报口径与预算支出口径不一致而引起的支出缺乏控制问题，在实务操作中也没有得到很好的解决。事中控制的不严肃使大量不合理的支出被忽视，这是引起舞弊和错误的重要原因之一。加强事中控制，高校必须强化预算执行的审批制度和程序，审批权限上也要充分考虑职权牵制，保证编制的预算能够严格、有效实施；明确高校各级主管领导、各个部门负责人审批的权限和范围，要求其在预算指标内审批并承担控制预算的责任；规范项目的审批程序，防止多头审批、重复审批的发生；考虑重要性原则和成本效益原则，对重点项目严格管理，其他项目尽量简化，提高学校运作效率。

3. 事后控制的问题

目前高校对预算执行事后控制的认识仍不全面，"重会计核算，轻预算分析"的现象十分常见，部分高校认为只要支出按规定列支且不突破预算指标，就是预算的良好执行。同时，事中控制的无力导致管理人员不能及时获得预算执行情况的真实数据，这也是造成事后预算控制分析不够具体、翔实的原因。这样的事后控制很难对以后的年度预算形成有意义的指导，也很难对教职员工进行有效激励。高校各个部门都是预算的执行部门，只有激发每位教职员工努力完成预算评价考核标准，才能达到预算管理约束和激励的目的，保证预算被全面彻底地贯彻，同时辅之以内部审计和严格的预算控制考核制度的监督，保证预算评价的执行力度。而目前高校预算评价没有实现具体到每位员工的全面预算评价，所以很难真正起到绩效考核激励和约束的作用。

高校预算评价体系的设计包括两个维度：一是评价预算目标的完成情况；二是对预算组织工作的评价，即对编制的准确度、上报的及时性、控制分析的全面有效性等方面的衡量。在评价指标的设计上可以引进平衡积分卡的模式，不仅要考虑财务指标，还要通过非财务指标评价内部流程的合理性、高校未来的成长能力、组织员工学习与成长的能力等。评价指标的设计要简单明了、可操作性强、具有长期稳定性，以便进行趋势分析，总结经验。评价方法也不应仅仅局限于目前的固定年终考核，而应同时开展可在平时采用的突击考核或者其他周期更短的定期考核，以避免机会主义的产生，及时把握预算目标和实际执行情况之间的差异，落实责任。当前高校预算评价中的考评方法简单、片面，导致预算评价不科学，也必然导致奖惩的不合理、不严谨。我国高校的预算考核主要是年末的综合考评，即预算期末对于各部门预算完成情况的分析评价。大部分高校预算编制的不合理及预算执行中的调整不足，导致部门预算指标计划与评价的脱离；同时，评价体系本身不完善，评价结果随意调整程度较大，导致实际评价结果并不能完全反映当期预算的执行情况，无法起到对下一期间预算指标编制的指导性作用。

奖惩制度是预算评价中的重要环节，是高校对所属部门及员工的约束和激励具体化到可实施层面的有效手段。理论上，在通过预算管理实现对高校发展战略规划的同时，也产生了学校预算评价所需要的依据和标准，这样有依有据的奖惩制度科学、公正和透明，也有益于学校战略目标的实现。但是目前大多数高校的预算管理制度尚不健全，同时缺乏科学的预算管理激励机制，导致节约的部门没有奖励，浪费的部门也没有惩罚，使预算评价失去了应有的公正性和权威性。预算评价监督的缺失更可能而引发各部门在编制预算时为了防止年终没有钱花，随意夸大支出项目和金额，资金使用效率降低，浪费严重，无法实现学校的发展目标。

三、高校预算管理改进的基础工作

（一）重视预算管理工作，强调预算管理的参与性

预算管理工作是高校的重要工作之一，涉及学校的方方面面，因此要广泛宣传预算管理的意义，强化学校及下属各部门领导的预算管理意识，提高他们的预算管理技能，从思想上为学校预算管理工作的有效开展奠定坚实的基础。同时应加深对高校预算管理的认识和理解，充分调动各部门、各单位的积极性、主动性。

预算作为学校管理工作的一项系统工程，绝不是财务人员单打独斗所能支撑的，要在学校的统一管理下，调动各级单位的积极性，使其参与到学校的预算管理工作中。在预算管理中强调参与意识，可使高校预算管理更加民主与合理，使各级单位积极沟通，在保证整体利益的情况下明确各自的职责及目标，提高预算指标的可靠性和预算执行的效果。

（二）规范预算管理制度，构建高校预算管理体系

高校应制订规范可行的预算管理制度，明确预算收支范围及预算估测、执行、控制、评价的程序、原则和方法。高校预算管理细化的程度，取决于对高校管理活动复杂情况的判断，取决于获取到的与管理相关的信息的多少。一般来说，对基本支出按照定员定额标准核定，实行零基预算；对项目支出按项目库排序，实行滚动预算；对项目评价，不采用投入式预算，而提倡产出式（绩效式）预算。在编制预算时，各预算编制参与部门须反复沟通，对所有支出项目逐一审核、评估；认真核实申报经费的内容和依据，细化收支范围，分类制定定额标准，明细核算，按项目重要程度排序，及时发现预算执行中的异常情况，找出原因予以控制；对已完成项目及时组织验收，做好预算评价。

（三）建立预算委员会，完善预算管理组织

完善的预算管理组织机构是加强高校预算管理的前提和基础，高校预算管理的组织机构应包括预算委员会、常设预算管理工作组（直属于预算委员会，负责日常预算事务的处理，由学校总会计师或财务处长负责）及预算责任网络，其中预算委员会是最重要的部分。

预算委员会是高校预算管理的最高决策和管理机构，负责对校内各单位申报的预算进行审核，由校长直接领导。目前各高校预算委员会的成员主要由学校各校区主管领导及下属各部门负责人构成。鉴于大多数

高校实行分层次预算管理体系，为了提高预算编制的准确性，使其符合学校长期发展的需要，合理配置高校资源，加强预算管理，需要建立以教授为主体的预算委员会，选取学校知名教授及会计、财务管理、审计等学科有威望的教授进入预算委员会，以提高预算委员会的科学性和权威性，同时体现"教授治校"的高校教育管理理念。

以教授为主体的预算委员会与以分管领导为主体的预算委员会相比，可以解决学校在平衡预算方面的困扰，便于采用零基预算、绩效预算等更先进的预算方法，更合理、更科学地安排预算，提高预算资金的使用效率；以教授为主体的预算委员会还可以更好地适应教学工作，更好地支持高校教育教学改革。但是，以教授为主体的预算委员会并不能代替校领导在预算上的决策作用，它只是提高了校领导在预算决策上的科学性，最终仍然是预算委员会向校长办公会和党委常委会提出议案，由校领导进行决策。为了避免预算管理决策中的权力腐败，可以建立大学理事会，对学校领导的预算决策进行有效监督。大学理事会不是参谋机构，而是决策机构，其主要功能是监督学校的运行情况、制订高校整体发展规划、审批投资项目和经典预算。预算编制要经过听证、辩论环节，最终由理事会投票决定。理事会的人员组成必须要体现独立性、科学性和权威性，校长可以是理事会的理事，但和其他理事会成员拥有相同的权力。这样可以从根本上解决或缓解高校预算管理中的内部人员控制问题，对领导者进行有效的权力监督。

第二节　高校会计内控与人员管理

一、当前我国高校内部会计控制管理存在的问题及原因分析

虽然目前高校实行"统一领导，分级（分类）管理，集中核算"的财务管理体制，积极推行"重心下移，责权下放，绩效考评"的财务运行机制，但由于缺乏健全的会计内控管理体系，高校预算管理不理想，资源配置不优化，资产重复购置多，闲置浪费严重，资金使用效益难以保证，难以实现"权责明确、行为规范、管理严格、监督到位、激励有效、服务优质"的财务工作目标，不利于高校教学科研事业的全面协调及可持续发展。

（一）会计内控设计不完善，缺乏应有的制度保障

目前我国高校虽然建立了会计内部控制制度，但总体上缺乏科学

性、系统性、全面性，具体表现在以下方面：

（1）会计内控制度在内容上片面、零散，不具有整体性和系统性，个别部门受利益驱动重收支轻管理，也会使既定的会计内部控制失控。据实地调查，我国大部分高校虽然非常重视会计内部控制在会计实务工作中的作用，但没有一所高校根据财政部颁布的《企业内部控制基本规范》《企业内部控制基本规范及配套指引及解读》和《教育部关于做好〈行政事业单位内部控制规范（试行）〉实施工作的通知》的规定和要求建立健全一整套设计全面、制衡有力的会计内控体系。

（2）偏重事后控制，通常是违规违纪行为发生并被发现后高校相关部门才想方设法堵塞或惩处，导致会计内部控制成本较高，收效甚微，也失去了应有的效力。据实地调查，为保证不相容职责相互分离、相互监督，防止错误或舞弊行为的发生，高校通常都制定了较为严格的会计内控制度，但在实际执行过程中却大相径庭，为减少工作中的麻烦，也是基于同事间的相互信任，本应当由不同的两人开具支票并加盖预留银行印鉴的事项简化成一个人完成支票开具的全部工作，从而导致学校资金被随意或恶意挪用、贪污。例如，云南某高校财务部门一银行出纳利用预留银行印鉴监管不严的漏洞，私自开具现金支票，私自加盖预审银行印鉴，长期挪用、贪污学校公款，历经三年后才被一个无意识的行为发现该项重大舞弊事件。当时学校组织了相当大的力量进行深查，又有国家反贪局介入，可见事后的检查成本是非常高的，并且监管不严，既损害了国家利益，又使觉悟不高、法律意识不强的人走上了犯罪道路，因控制和监管不严断送了一个会计人员的美好前程。

（3）高校对外部环境和经济业务的变化缺乏预见性也导致其会计内控管理滞后的重要原因。随着市场经济的发展，新的经济行为、新的经济业务、新的市场工具不断涌现，对高校的财务管理，特别是会计内控管理提出了更高的要求，加上高校经费来源的特殊性和市场经济的复杂性，使得其会计人员不能适应这种要求，没有制定较为健全和详细可行的会计内部控制制度，或是制定的会计内部控制制度因环节过多、成本过高、标准不具体等而没有可操作性，在实践中根本不能起到控制的作用，从而使会计内控失去了应有的制度保障。

（二）会计内控执行不严格，缺乏应有的约束保障

目前我国部分高校会计内控的基础比较薄弱，部分管理人员对学校会计内控缺乏足够的认识，甚至还有许多误解，认为加强会计内控束缚了手脚，严格执行会计内控使得办事手续烦琐，影响了办事效率，更有

甚者认为建立会计内控制度，是人为制造矛盾，视会计内控制度为麻烦。大多数高校建立健全会计内控只是为了应付上级有关部门的审查，会计内控制度在实际执行过程中大打折扣，形同虚设，有规不依，有章不循，遇到具体问题强调灵活性，注重领导权威性，流于形式，失去了应有的刚性和严肃性，难以全面发挥会计内控防止、发现、纠正差错和舞弊的应有功效，使会计内控失去了应有的约束保障。例如，根据《中华人民共和国发票管理办法》的规定，能够作为合法有效报销凭据的发票至少具备两个"章"：一是"国家税务主管部门发票监制章"。二是收款单位"发票专用章"。但在我们对部分高校会计基础工作进行检查时却发现，部分定额餐费发票、住宿费发票、出租车票等上面明明写着"盖章有效"字样，但在发票上面却只有"国家税务主管部门发票监制章"，而没有收款单位"发票专用章"。又如，根据我国《现金管理暂行条例》的规定，超过1000元以上的单位对单位的资金收付必须通过银行进行转账结算，不得使用现金。但我们在检查中却发现用于报销的超过1000元以上的发票大部分通过现金支付，并没有严格按现金管理规定通过银行转账结算。这些事例充分说明了高校会计内控在执行中存在较大的问题。

（三）会计内控监督不到位，缺乏应有的手段保障

当前我国高校会计内控执行手段不强硬，监管措施不到位，既没有设置独立的专门机构对其会计内控执行情况进行监督检查，又没有强化内审部门对会计内控的监督检查职责，或者虽让内审部门参与内控监督检查，但其部门人少事多、素质低能力差等因素导致其对本校会计内控执行情况的监督检查重形式、走过场，既没有定期、不定期的重点检查，也没有深入具体工作中对其逐个环节、逐个控制点进行检查，同时监督检查手段落后，程序混乱，标准粗放，人员缺位，导致其难以对会计内控体系设计的健全性和会计内控措施执行的有效性进行评价，会计内控监管检查不到位，流于形式，使会计内控严格执行缺乏应有的手段保障。例如，高校内部审计部门是保证会计内控有效执行的一个关键部门，但有些高校虽然设置了内部审计部门和相应的岗位，却仅安排一些不懂财务和审计的人员来担任这方面的工作；有些高校甚至没有设置内部审计岗位，这使得内部审计监督无法得到保证。同时一些高校的主管部门与高校之间除了存在正常利益关系以外还存在其他利害关系，这使得主管部门监管功能缺失，放松了对基层高校的监管力度。对高校缺少了有效的监督，导致部分领导和教职员工财经法纪意识淡薄，违法违纪

行为常有发生，非常不利于高校内部会计控制职能的发挥。

（四）会计内控考评不存在，缺乏应有的奖惩保障

目前，从我国现有高校建立并实行的会计内部控制制度来看，其基本上涵盖了本校所有的业务活动，只不过设计过粗，规定过松，标准过低，监督缺乏，考评缺失。高校既定的会计内控制度设计是否健全，有无盲点；执行是否有效，有无漏洞；结果有无考评；考评有无手续，是否严密，是否环环相扣；设计的方法和措施实际执行情况如何，能不能起到事先控制的作用，能不能预防错误和弊端的发生；错误和弊端发生了，能不能及时发现和纠正，目前我国高校都缺乏对此的评价。这主要是由高校现有管理体制和运行机制导致的。目前高校进行财务核算的是财务部门，其主要作用只是审核和监督预算经费支出票据的合法性、报销支付手续的完备性和预算项目经费的可用性，即财务部门是具体负责内部会计控制日常执行和维护的部门，不会也不可能对本校自己负责的内部会计控制设计情况和执行情况进行评价和考核。而进行会计内部控制执行情况及结果考核评价的是高校设置的监察审计部门，其主要作用就是对学校会计内部控制制度的健全完整性、会计内部控制制度执行的严格遵守性、会计内部控制制度执行效果的合理有效性进行监督、评价，以及时防止、发现、纠正会计内部控制可能存在的缺陷、漏洞和违反会计内部控制制度或凌驾会计内部控制制度之上的不良行为。但是高校缺乏严格有效的会计内部控制管理体系、考评奖惩机制及考评奖惩实施细则或办法，导致其根本没有发挥应有的对学校会计内部控制设计情况和执行情况进行相应的监督检查、评价奖惩的作用，高校会计内部控制考评缺位，激励奖惩机制缺失。

任何会计内部控制制度，如果只是制定了、执行了，却不对该项制度在实际工作中是否适合高校自身的实际，是否真正有效，能不能达到预期目的进行监督评价，即不对会计内部控制设计的合理性、健全性，执行的有效性进行监督评价，那么再完善的会计内部控制制度也只能是一纸空文，起不到任何作用。这说明高校会计内部控制制度的核心在于严格遵守和执行。但目前我国高校却没有对会计内部控制制度执行的效果形成有效的监督与评价，缺乏对会计内部控制执行效果进行监督检查、考核奖惩的有效机制，导致高校会计内部控制制度空有制度文本，却得不到有效的执行。可见高校会计内控考评缺位、执行奖惩不严已到了非治不可的地步。

二、强化高校内部会计控制管理的应对策略

我国高校要实现"预防为主，设计到位，执行有效，控制到点，考评到位，奖惩有用"的会计内控目标，充分发挥会计内控纠错揭弊的作用，就必须抓住关键控制点健全会计内控体系，设置独立机构突出会计内控权威，严格执行会计内控保证经济效益，重视考评奖惩，搞活会计内控机制，这样才能做到源头控制预防腐败，过程监管减少腐败，绩效考评惩罚腐败，消除内部各种潜在的风险，使我国高校会计内控"执行有序，控制到位，管得有效，奖得有用"，提升会计内控水平，全面促进我国高校健康协调、可持续发展。

（一）重视会计内控作用，高管带头严格执行，全面突出会计内控在高校财务管理中的关键作用

高校高管在会计内控执行过程中起着举足轻重的作用。他们对会计内控的重视程度和自觉执行程度直接决定了会计内控在高校教学科研活动中监管作用的成败。

首先，高校高管必须在思想上明确、行动上注重会计内控在高校健康、可持续发展中的关键作用，必须充分认识到会计内控既是高校全面遵守国家法律法规，适应市场经济和知识经济的需要，又是正确处理高校各种财务关系，科学划分和正确界定经济活动责、权、利关系的纲领性文件，还是高校财务管理工作发挥其聚财、理财、用财"三财"作用的关键措施和制度保障，更是当前我国高校适应高等教育产业化、投资主体多元化、教育资金社会化、经济利益多样化、财务工作层次化的必然选择和内在需要。高校高管必须把自觉遵守、严格执行会计内控作为提高资金使用效益的核心任务来抓，作为影响高校健康发展的关键任务来抓。高校校长、书记要亲自抓，负总责，成立精干领导班子，制定实施计划，明确目标，落实责任，加强监督，确保认识到值，组织到位，人员到位，工作到位，监管到位。

其次，高校高管必须以身作则，带头严格执行会计内控，在财经工作中"以身作则，言传身教"，真正做到"以制度管人，按规定办事"，这样才能保证全校"一个建制，一盘棋，一个标准，一个调"，保证财经法纪得到严格的遵守和执行。高校全体师生员工能否形成自我控制的思想和意识，与高校高层管理者能否自我控制密切相关。一般来说，管理者如果在自我控制方面做得十分突出，高校师生员工的自我控制意识也就比较容易树立起来。如果管理者要求高校师生员工遵守计划、标

准、规定，而管理者本人却不能自觉遵守，高校师生员工的自我控制意识是不可能建立起来的。这就是通常所说的"正人先要正自己"的道理。

最后，高校高管必须切实加强对会计内控执行工作的领导，通过不断宣传、教育、培训、竞赛等手段，引导员工从根本上认识和接受高校强化会计内部控制是提高教学科研质量的关键，是高校提高资金使用效益、杜绝违法违纪行为的支柱，让全体员工从思想上重视会计内控，了解他们的职责是什么，他们的绩效是如何评价和考核的，以及评价过程中的绩效标准是什么，并采取定期或不定期检查、考评、奖惩等措施督促员工在行动上严格执行既定的会计内控制度，最大限度地发挥其在工作中的积极性和主动性，这样才能真正杜绝违法违纪行为，保证教育资金的使用效益。

（二）健全会计内控体系，抓住关键控制点，以适应高校可持续发展的需求

会计内控体系既是高校对教学科研活动进行控制的标准和措施，又是高校对会计内控进行自我评价的依据和准绳；既是高校经济活动制度化、整体化、权威化的本质体现，又是高校"一个建制，一盘棋，一个标准，一个调"的措施保障。我国高校应当严格按照《行政事业单位内部控制规范（试行）》等相关文件的规定，针对自身实际和面临的社会环境，结合未来发展趋势，整体考虑，抓住关键控制点，建立健全一套"科学严密、公开透明、约束有效、监督到位、激励规范"的高校会计内控体系，以保证教学科研活动合法、有效、持续进行。

1. 针对时弊，健全会计内控体系，做实做细会计内控规定

目前我国高校规模越来越大，精细化程度越来越高，加上日趋激烈的社会竞争和错综复杂的经济环境，没有健全有效的会计内控体系无法保证会计信息的真实、完整、合法、有效。"不以规矩不成方圆"，高校必须深入实际，全盘考虑，进一步健全"防、纠、查、惩"四位一体的会计内控体系，真正实现"以制度管人，按规定办事，事前防范，事中纠正，事后查处，警钟长鸣"的会计内控目标，有效防止、发现和纠正错误与舞弊行为，保证经济活动的真实、合法和有效。

首先，高校必须明确健全会计内控体系的目标和整体框架。内控目标既是会计内控的起点，又是会计内控的方向和指引，更是会计内控的归宿；而会计内控整体框架为进一步做细做全会计内控措施提供了保障，为设计哪些内控，执行哪些内控，检查评价哪些内控指明了方向。

但要注意，会计内控目标和框架一旦确定，应保持相对的稳定，避免朝令夕改。

其次，进一步健全"防、纠、查、惩"四位一体的会计内控体系。

（1）"防"即事前防范。高校应当针对实际工作中可能会出现的差错和舞弊行为、内控中可能存在的漏洞和盲点等情况，提前做细做实岗位责任制、经济责任制、不相容岗位和职务分离制、业务分工牵制制、经费报销流程必经制等具体规定，明确职责权限，规范业务处理，以预防会计内控执行中可能会出现的差错、错误和舞弊行为，健全以"防"为主的事前会计内控体系。

（2）"纠"即事中纠正。"人"是高校会计内控能否得以严格执行，执行是否有效的主宰者，即使是设计完美的会计内控也可能因为执行人的精力分散、粗心大意、利益驱使、相互勾结等情况而失效。因此高校一方面必须加强对"人"的管控与培训，另一方面还必须加大经济业务执行过程中的监督检查力度，对各岗位职责的履行、不相容岗位和职务的分离、"责权利"的落实等情况进行定期、不定期的事中监督检查，发现弊端及时解决，找到漏洞及时堵塞，觅见差错及时纠正，健全以"纠"为主的事中会计内控体系。

（3）"查"即事后严查。高校会计内控之所以在执行中大打折扣，甚至形同虚设，有规不依，有章不循，其根本原因在于高校缺乏独立的专门机构对其执行情况和效果进行监督检查。因此高校必须针对本校实情制定翔实可行的会计内控检查办法或细则，并成立专门的内控监管部门，或者进一步强化校内内审部门对会计内控的监评职责，充分发挥其优势，针对会计内控的每个环节、每个控制点进行严格的、经常化的事后监督检查，健全以"查"为主的事后会计内控体系。

（4）"惩"即事后奖惩。要保证会计内控效率，防止出现一而再，再而三的内控违规现象，加大奖惩力度是唯一可靠保障和有效手段。只有对查出的会计内控违规行为和当事人予以沉重的、毁灭性的打击，才能实现"查处一例，教育全体"，给予想要违规的人或观望的人以强烈的警示，"只要敢伸手，一定会被抓"，从而净化会计内控环境。同时对于严格遵循会计内控规定的单位和个人给予较高的精神奖励和物质奖励，甚至加薪升职等，给予遵纪守法的员工以正义的鼓励，这样不仅能够纠错防弊，堵塞漏洞，揭露和打击违法行为，还能保护干部，增长反腐倡廉风气，保证党纪国法、规章制度等的严肃贯彻执行，促进高校健康、可持续发展。

通过以上四个层次构筑的高校会计内控体系对高校发生的经济业务和会计核算进行"防、堵、查、惩"的监管控制，可以及时发现问题，防范和化解高校面临的各种违法违纪行为，全面降低高校各种管理风险、资金风险和财务风险。

2. 优化内控程序，抓住关键控制点，全面提升内控纠错防弊能力

太过于理想的会计内控要求太严、程序太多，导致其成本太高而难以采用，但不严格执行会计内控又无法发挥会计内控纠错揭弊的功能。因此，我国高校首先应当针对自身实际，全面优化会计内控程序，精简业务办理手续，进一步扩大经费审批权限，明确责任主体，充分发挥高校各部门内控管理的积极性、主动性和创造性。其次，在简政放权、明确责权的同时，为保证会计内控纠错防弊功能的实现，就必须抓住关键控制点，突出重点部位，提升内控管理能力。一是抓好关键人，如部门负责人、资金审批人、业务经办人、财务负责人、监督检查人等；二是把握好关键环节，如资金审批环节、资金调度环节、监督检查环节、岗位和业务交接环节、财务电脑操作密码控制环节等；三是管好关键物件，如重要的发票、会计凭证、银行票据和银行预留印鉴等；四是控制住关键工作岗位，如现金出纳岗位、银行出纳岗位、报销审核岗位、内部稽核岗位等。

（三）加大舞弊防范，切断舞弊利益驱动内控环境

对高校高层人员进行管理与监控比对一般工作人员进行管理与监控更为有利，"上梁不正下梁歪"，管住了高层管理者，就管住了高校经济活动的命脉，就抓紧了"牛鼻子"。因此对高校高层管理人员进行控制、约束、规范和激励的机制尤为重要。首先，高校应与高管人员（高层管理人员）签订协议并公证。在协议中明确规定高管人员不健全、不执行高校会计内部控制制度的法律责任，并由其家人或亲属担保，一旦因其个人原因致使高校遭受损失或破坏高校会计内控制度，由其承担全部赔偿的经济责任及相关法律责任。其次，高校应建立有效的会计内控遵从与评价制度，将会计内控与高层人员的薪酬挂钩，对高管人员实行年薪制，高管人员只有完成了协议规定的任务，实现了年度目标，才能按规定兑现年薪，并可加薪晋级。最后，高校应建立合理的师生员工晋升制度和薪酬制度，将师生员工的晋升和薪酬与遵循高校内部控制制度结合起来，这也是高校会计内控非常重要的组成部分。对于严格执行会计内控制度的师生员工，应给予适当的精神和物质奖励，如加薪、晋升，并安排其到省外、国外旅游考察。对于一年内发生 3 次以上重大违反高校会计内控制度行为的师生员工，不得晋升职位，并适当降低其薪酬标

准，同时给予适当的经济处罚，以惩前毖后。

（四）健全考评制度，重视激励机制，为切实提高财务管理水平提供制度保障

高校应结合本校实情，健全会计内控考核机制和激励机制，优化内控运行，强化内控监督，开展内控全程检查，重视检查结果运用，加大奖惩力度。

会计内控考核机制是高校对其会计内控执行情况和执行效果所涉及的评价标准、评价措施和评价程序等做出详细、明确规定的机制，是对高校内控既定行为的一个定性、定量的评价制度，既为会计内控执行提供指导性方向和目标，又为评价会计内控执行情况和执行结果提供依据和标准，是高校会计内控管理的关键，也是工作量最大、难度最高的环节。在这个环节中，不管是学校高管还是一般员工，只要进行考评都能发现高校会计内控存在的缺陷，有什么样的及多大程度的偏差，由什么原因引起的，应采取什么样的措施，等等。

会计内控激励机制即内控考评奖惩机制，是高校为保证会计内控有效执行，充分调动校内各部门各员工严格遵循会计内控的主动性、创造性而制定的奖优罚劣的制度。没有奖惩或奖惩力度不大，大家就不会重视，一旦不重视就不会严格执行，一旦不严格执行内控必然失效，也就根本不能保证高校经济活动的合法有效，不能保护资产的安全完整。

会计内控考核机制和奖惩机制直接决定了会计内控执行的效果，决定了会计内控在高校经济管理中的核心地位，决定了教育资金的使用效益，直接影响着整个会计内控的效果。因此高校在健全和执行会计内控考核机制和奖惩机制时应当做到以下几点。

1. 明确会计内控考核奖惩目标

监督与控制并重，奖励与惩罚并重，鞭策落后表扬先进，提升内控权威，强化内控执行，即首先必须明确会计内控工作考核什么。高校建立健全会计内控的主要目的是防止、发现或纠正日常教学科研活动中的错误和舞弊行为，以保证高校的资产安全运营，维护国家的利益。因此高校内部控制的工作考核机制应该围绕高校的内部控制制度是否完善、健全，是否得到了积极的、严格的贯彻执行，是否有效地防止、发现、纠正了高校教学科研活动中的错误和舞弊行为来进行，即考核高校内部控制的健全性、有效性。

2. 设立独立机构，指定专人负责

为保证监督检查考核奖惩的客观公正，高校必须专门设立"会计内

控考评小组"，原则上应由本校校长或书记为组长，各关键部门领导人为成员，并指定专人负责，同时赋予和保证该小组独立、专门对会计内控设计与执行情况、经济活动合法与效益情况等进行监督检查、考核评价的权力。也就是说要保证会计内控执行的效果就必须明确由谁来考核。要保证工作考核的客观、公平、公正及权威性，必须由具有相对独立权限的机构来负责。该机构应直接由校长、书记垂直领导，并赋予其独立的、专门对内控设计执行与经济效益进行监督与考核评价的权力，以使其能正确、及时地完成使命。

3. 构建多层次的经济责任体系

高校应当建立包括校级、处级、科级、一般员工在内的多层次经济责任体系，实行一般员工对科长负责、科长对处长负责、处长对校长负责的工作责任制，形成一级抓一级、一级促一级，层层抓落实的良好工作局面，以保证会计内控制度得以从上到下、由下至上地严格贯彻落实。

4. 制定具体可行的考核办法、标准和程序

在制定会计内控考核机制时必须明确如何考核。一是必须明确考核标准。高校内部控制考核标准的制定是高校内部控制有效实施的关键，又是衡量高校内部控制实施效果的依据和准绳。没有切实可行的考核标准，考核就可能流于形式，考核就没有依据。因此，高校有必要投入一定的人力、物力、财力，由权威部门建立一套完整的、公认的高校内部控制考核标准，使高校内部控制考核有章可循。二是必须明确考核方法。在实际工作中，常用的考核方法有面对面的直接口头汇报、正式的书面文字汇报、直接观察、抽样检查、问卷调查、集中座谈等。三是必须深入基层，踏踏实实地了解实际情况，并制度化，实事求是；切忌只凭下属的汇报做判断，也要防止检查走过场，搞形式，工作不踏实，走马观花，点到为止。

5. 制定并执行详细可行的考核奖惩规定

高校应当把会计内控考核奖惩主体、对象、标准、方法、程序及要求等写明，形成一个有机的考评激励体系，并以校内法规的形式公之于众，让会计内控考评奖惩真正做到"考评有标准，奖惩有法规，工作有要求，结果有应用"，规定到位，标准适当，措施对点，对症下药，实现会计内控考评奖惩工作规范化、制度化、常态化、标准化、精细化"五化"管理。也就是说要保证会计内控的效果和目标的实现，就必须明确考核结果如何奖惩，即充分发挥激励机制的引导作用。高校内部控

制的工作考核完成以后，考核部门应形成书面的"高校内部控制考评报告"，详细说明本次考核涉及的范围、所用的方法、各环节的风险程度、存在的问题及缺陷、改进措施等，同时报经校长办公会、党委办公会批准后，对相关当事人给予奖励或惩罚：对严格遵守和执行高校内部控制的部门和人员，给予通报表扬，加薪晋级，甚至升职；对于违反高校内部控制制度的部门和人员，给予严肃的通报批评，减薪降级，甚至撤职或辞退。只有建立科学合理的约束与激励机制，通过业绩与工薪挂钩等形式，才能使高层管理者及师生员工的利益与高校的长期发展相结合。

三、会计人员职业素质管理

加强对会计人员的职业素质管理特别重要，这将影响整个财务管理的效果。制度设计和管理得当可以增加经济效益，制度设计和管理不当则会造成经济浪费和损失，其中财务管理的水平取决于会计人员职业素质的高低。会计人员素质高，则财务管理水平较高；会计人员素质低，则财务管理水平较低。会计人员的职业素质包括专业素质和职业道德素质。专业素质即会计人员应具备的知识结构、专业技术水平、业务能力等，职业道德素质即会计人员能否自觉遵循财务会计工作的道德标准。会计人员的职业素质管理要从会计人员的专业素质、职业道德素质等方面着手，选拔优秀的财务主管，带动财务部门整体素质的提高。

（一）会计人员的专业素质管理

会计人员的专业素质严重影响财务管理的整体水平，为保证财务管理的质量，必须对会计人员提出更高的要求。专业素质管理主要是通过明确会计人员准入条件、培养在岗会计人员的素质等措施进行的。

1. 高校会计人员素质的历史成因

传统的高校财务部门，其功能局限于记账、算账，技术含量较低，被认为是不需要专业技术、谁都可以进的部门，成了没有任何门槛的"养人"的地方，也是高校解决富余人员及照顾家属、子女就业的场所，因此，会计人员素质普遍较低。

20世纪90年代初，高校开始实行费用分担的缴费上学制度，从单一的依靠财政拨款，发展到依靠财政拨款、学费、捐赠等多渠道收入，高校会计人员也开始有所作为。到了20世纪90年代末，高校开始大规模扩招，随后高校进入了前所未有的融资建设大发展时期，高校遇到的资金问题越来越多，财务部门的功能逐步扩大，业务也越来越复杂，增加了会计人员的发展空间。

随着高校的发展，对会计人员的要求逐步提高，形成了阶梯状的人员素质结构，人员素质出现参差不齐的状况，越是历史悠久的高校，留有的历史痕迹越明显。因此，随着高校的发展和财务专业化要求的提高，人员淘汰不可避免，部分"养人"时期进入的素质不高、不爱学习、不求进步、不能适应专业化需要的会计人员，可轮岗到凭证装订、会计档案管理等专业化要求较低的手工岗位。高素质人员最终取代低素质人员，将是发展的必然趋势。

2. 高校会计人员的准入条件

现代高校财务管理需要高素质的管理人才。在录用会计人员时，应该设置一定的准入条件，但由于道德素养是通过日常行为表现出来的，面试时很难以考试的方式发现，因此，准入条件一般只针对专业素质。高校会计人员的录用，一般应具有学历、专业、工作经验、年龄等方面的准入条件。

（1）学历条件。例如，本科高校培养的是本科以上的人才，一般情况下高校管理人员应该具备本科以上学历，否则管理人员的层次与高校培养的人才层次不相适应。高校会计人员是管理岗位的专业技术人员，因此必须具备本科以上学历。

（2）专业条件。高校财务部门的主要功能为会计核算和财务管理，两者互相联系、互相渗透。核算过程包含管理内容、管理过程和需要核算的数据，因此高校会计人员不仅要熟悉会计核算，也要懂财务管理。会计人员的专业要求一般为：会计专业或经济类的其他专业，但必须具备计算机应用的基本知识；系统软件管理和维护人员可以是计算机专业的，但必须具有一定的会计专业基础知识。

（3）工作经验。高校的一般会计人员只需要符合学历条件和专业条件即可，不一定要求有工作经验。会计机构负责人或财务主管应该具备财务工作经验，如果是非专业人员，则对会计机构的管理也只能是行政上的领导，难以深入到专业领域。在实际工作中，因干部轮岗的需要，部分高校会计机构负责人是从其他部门轮岗而来，不具备财务工作经验及会计从业资格。随着未来高校的发展和管理体制的改革，会计机构负责人专业化将是发展的趋势。

（4）年龄。高校会计人员录用年龄应该区别对待，如果录用年轻人，应选择高校毕业生；如果不是年轻人，则须具备技术职称和工作经验。社会上流行的说法是做技术的人（如医生、会计师等）越老越吃香"，即经验越来越丰富、技术越来越成熟，这是对于兢兢业业做专业的人来说的。对于普通的会计人员来说，年龄是个坎儿，随着年龄的增长，如果经验和技术没有跟着长进，他们的专业发展潜力就不复存在，录用就失去了应有的意义。

3. 新进人员岗前培训和业务指导

会计专业是应用型专业，新进的会计人员需要一段时间的实践和适应过程。对新进会计人员进行岗前培训和业务指导，使新进会计人员能以最快的速度胜任岗位工作，也是提高会计人员素质的有效办法。一般情况下，高校新进会计人员不是批量的，而是一次录用几个人，不适合采用培训班的形式。在管理实践中，对新进会计人员采取一对一的业务指导，即挑选业务素质好的优秀会计人员对新进人员进行"传、帮、带"，讲解工作内容和指导具体业务，一般指导 1～3 个月，新进人员基本上就可以独立工作了。如果由新进人员自己摸索，没有人给予业务指导，则适应岗位的时间最快为半年或者更长。但在激烈的竞争环境下，怎样让优秀的会计人员传授经验和技能给他人，而又不具有危机感呢？这个问题确实是个处理的艺术问题。首先，要明确"传、帮、带"是一项组织分配的工作任务，不是个人意愿和个人行为；其次，要给传授者一个荣誉，那就是被传授者的老师；最后，也是最重要的一点，即要在内部形成一个道德底线约束机制及和谐的工作环境，如果没有和谐的工作环境及会计人员道德底线约束，则难以实现"传、帮、带"。

4. 高校会计人员素质的培养

高校会计人员被淘汰下岗的情况很少，要让在岗人员主动提高自己的素质，归结起来有三个方面，即要有激励的机制、良好的环境和提高的途径。

（1）激励的机制。

①建立尊重专业人员技术职务的机制。目前高校仍然是行政化管理体制，因此首先要建立尊重专业人员技术职务的机制，如果对会计人员基本的技术等级身份都不予以认可和尊重，其他一切都无从谈起。一方面高校要鼓励会计人员参加职称考试，通过考试培养学习习惯，提高业务水平；另一方面高校要尊重会计专业技术职务，在提拔行政管理职务等方面，应该把会计专业技术职务作为重要的参考因素。在同一条件下，专业技术职务的高低标志着个人付出的努力不一样，因此应有区别地对待，以激励会计人员积极进取。

②建立技术学术奖励机制。为了最大限度地发挥会计人员的技术水平，提高工作效率，高校应当建立绩效考评制度，开展技术评比活动，

对工作表现出色、办事效率高的会计人员给予奖励；为了激励会计人员参与学术活动，在专业论文方面，要根据发表论文的质量等级给予一定的奖励；在课题研究方面，要对获奖的课题组给予一定的配套奖励金。

（2）良好的环境。

环境因素对会计人员整体素质的影响非常大，良好的环境有利于会计人员整体素质的提高。良好的工作环境需要营造：一是由管理者营造，二是由会计人员自己营造。

①管理者营造。高校各级管理者应为会计人员营造积极向上、健康进取、团结协作的良好工作环境，让会计人员全身心地投入工作和学习当中。

②会计人员自己营造。如果工作环境比较差，可以从少部分业务骨干开始，把风气引向好的方面，逐步扩大影响力，最终从量变到质变，改变恶劣的环境，形成健康向上的良好氛围。

（3）提高的途径。

学历教育或进修学习、继续教育培训是提高财务人员素质的有效途径。

①学历教育或进修学习。高校会计人员具有其他行业会计人员无法比拟的优势条件，很多高校在本、专科或研究生阶段开设了会计或其他经济类专业，高校会计人员在职参加各类学历教育或进修比较方便。高校应鼓励会计人员在不影响日常工作的情况下，参加各类学历教育，或选送人员进修学习。

②继续教育培训。会计类的专业知识更新比较快，因此会计人员必须每年参加继续教育培训，给自己的知识进行一次"更新换代"。继续教育学习是"老会计"跟上新时代发展的有效途径。除此之外，会计人员还可以自学。

（二）会计人员职业道德素质管理

职业道德素质是会计人员素质的重要组成部分，出色的专业素质和良好的道德素养构成了高素质的会计人才。

《会计基础工作规范》第十七条规定："会计人员在会计工作中应当遵守职业道德，树立良好的职业品质、严谨的工作作风，严守工作纪律。努力提高工作效率和工作质量。"第十八条至第二十三条对会计人员的职业道德提出了六点要求，具体如下：

（1）敬业爱岗。会计人员应当热爱本职工作，努力钻研业务，使自己的知识和技能适应所从事工作的要求。

（2）熟悉法规。会计人员应当熟悉财经法律、法规、规章和国家统一会计制度，并结合会计工作进行广泛宣传。

（3）依法办事。会计人员应当按照会计法律、法规和国家统一会计划度规定的程序和要求进行会计工作，保证所提供的会计信息合法、真实、准确、及时、完整。

（4）客观公正。会计人员办理会计事务应当实事求是、客观公正。

（5）搞好服务。会计人员应当熟悉本单位的生产经营和业务管理情况，运用掌握的会计信息和会计方法，为改善单位内部管理、提高经济效益服务。

（6）保守秘密。会计人员应当保守本单位的商业秘密。除法律规定和单位领导人同意外，不能私自向外界提供或者泄露单位的会计信息。

因此，会计人员职业道德素质的核心是"依法办事"，只要依法办事，就不会做假账。同时要会"搞好会计服务"，如果不会管理、不懂为提高经济效益服务，也是一个不合格的会计。

一个人的道德修养是通过家庭教育和社会教育逐步形成的，但在同等的教育环境下存在着个体道德修养的差异。会计人员的职业道德素质是在其选择会计作为自己的职业后逐步形成的，加强会计人员职业道德教育是培养职业道德素质最直接、有效的途径。

第三节　高校内部审计管理

一、高校内部审计存在的问题

（一）预算审计不到位

首先，高校内审没有全程参与本校省级部门预算编制和校级综合财务预算编制，没有履行对预算编制进行全程监督的职责。本校省级部门预算和校级综合财务预算的编制全由高校财务部门说了算，校内没有任何组织机构对其编制的合理性、科学性、可行性、完整性进行审计评价。

其次，高校每年的省级部门预算和校级综合财务预算执行情况分析、评价都是财务部门负责，高校内审部门每年都向本校财务部门索要预算执行情况分析报告和数据。如此可以看出，高校内审部门根本没有履行对预算执行过程进行监督、评价的职责，根本不能发现、纠正预算执行过程中存在的错误与舞弊行为，无法指导、督促高校预算的执行。

最后，高校每年的年终决算也由高校财务部门负责，对高校当年省级和校级预算执行情况进行最终的分析、评价，内审部门对此不闻不问，即便过问，也是到财务部门要数据，简单确认预算是否超支，那何来监督、评价、考核奖惩？

（二）经费审计不规范

对本校正处级干部调动或离任进行经济责任审计是高校近年来最为频繁和突出的审计业务。高校开展经济责任审计的最终目的是经过审计分清经济责任人任职期间在本部门经济活动中应当负有的责任，经济责任审计无论是在保护高校资产安全完整方面，还是在促进高校廉政建设方面都发挥了极大的作用。但因缺乏完整的经济责任审计评价体系、评价标准不恰当、评价范围不全面、内审力量较薄弱、人为意识太浓和审计资料残缺不全等原因，高校内部经济责任审计有时对人不对事，有时走走过场、作作秀，加上都是事后的"处级审处级"和掺杂了各种人为因素，导致高校内部经济审计极不规范，最终审计结果要么定责不准，要么定责模糊，要么定责不服。

（三）工程审计不科学

随着高校在校生越来越多，规模越来越大，基建工程、改扩建工程也越来越多，每年高校内部的房屋修缮维护工程也逐步增多，高校内审顺应时势需要也实时开展了工程审计，但其缺乏工程审计专业方面的专职人员，缺乏工程审计专业知识和经验，且没有全面参与整个工程的施工过程，在工程结（决）算阶段以施工方报送的工程预（决）算报表和相应施工资料为依据，简单地以工程概预算为标准开展工程完工后的审计，对追加的工程预算简单地以领导批字为认可标准，从而使得高校内部工程审计重形式、走过场，工程审计程序极不规范，审计方法极不科学。

（四）内控审计不在岗

从高校现有内部控制制度来看，其已全面涵盖了全校所有教学科研、教辅后勤和行政管理活动，涉及每一个业务环节。高校设置内审的主要目的是通过内审对内控制度的健全完整性、内控执行的严格遵从性、内控执行效果的合理有效性进行审计，以及时防止、发现、纠正其存在的缺陷、漏洞和违反内控或凌驾内控之上的不良行为。但是高校本身缺乏严格有效的内控管理体系，加上内审部门人少事多、素质低能力差等因素导致其根本没有对本校的内控设计、执行情况及执行效果进行审计，内控审计根本不在岗。

（五）绩效审计难落实

建立健全高校教育资金绩效审计与评价体系是新形势下高校经济管理科学化、精细化的必然要求，是建设高校效能机关的重要抓手，是转变机关工作作风、源头防止和治理腐败的核心环节，是全面推进高校绩效管理、提高教育资金使用效益的关键举措。但当前高校内审基本没有开展教育资金绩效审计与评价。部分高校内审虽开展了资金绩效审计，但还属于刚起步阶段，资金绩效审计体系不完善、绩效审计规章制度不健全、审计评价依据不充分、审计评价指标不科学、审计评价内容不完整以及绩效跟踪审计机制缺失等原因使高校内审开展的资金绩效审计与评价难以落实到位。

二、高校强化内部审计的应对策略

充分发挥内审保驾护航的作用，实现内审经常化、规范化、主动化，高校应当做到：主要领导重视是关键，健全内审制度是重点，增加审计人员是基础，改进技术手段是条件，提升综合素质是保障，保驾护航是归宿。

（一）强化内审意识，突出内审权威

高校主要领导对内审的重视程度直接决定了内审的独立性和权威性，广大干部群众对内审的理解与支持程度直接决定了内审的生存环境和生存空间，专职审计人员的综合素质和内审规范体系直接决定了内审制约促进作用的全面发挥。审计好不好，关键看领导；发展好不好，群众是依靠；效果好不好，素质占主导。因此强化高校内审意识，突出内审权威是充分发挥内审保驾护航作用的核心，有效治理当前领导干部职务犯罪"十心"的利剑，即"见钱眼开的贪婪心理、蒙混过关的侥幸心理、难以自控的矛盾心理、深感吃亏的补偿心理、贪图享乐的虚荣心理、各取所需的交易心理、有恃无恐的攀比心理、孤注一掷的赌徒心理、捞了就跑的投机心理、破罐破摔的对抗心理"。

首先，高校高层管理者一定要树立内审意识，重视内审结果，营造健康的内审环境，突出内审机构和内审人员的地位，提升内审在干部任免中的核心作用，把干部经济责任审计结果和绩效审计评价结果作为提拔、聘任或解聘中层干部的主要依据。全面树立领导干部勤政廉洁、敢于接受审计、自愿接受审计、主动要求审计的廉政思想，彻底解决高校中层干部"怕审计，恨审计"的狭隘认识。

其次，高校应单独成立内审处级机构，并改由高校行政一把手直接领导，内审机构也直接对高校行政一把手负责并报告工作，成立由高校校级领导和校内专家组成的内审委员会，统一领导，全面组织，统筹安排全校每年的预算审计、内控审计、绩效审计和经责审计等，就如习近平强调的"要坚持'老虎''苍蝇'一起打，既坚决查处领导干部违纪违法案件，又切实解决发生在群众身边的不正之风和腐败问题"。这样才能切中要害，真正树立高校内审的独立性和权威性。

最后，高校内审部门应当把现行的有关内审规章制度、标准、要求、流程与注意事项等统一归纳整理，印制成册，印发成文，或长期挂在校园网上，或置放于中层领导干部触手可及的地方，或分发到中层领导干部手中，并在全校范围内开展大规模的内审规章制度、办法措施、审计标准、审计要求、审计流程和审计案例等的宣传，定期举办内审知识讲座、竞赛、辩论、征文等活动，建立内审信息交流平台（如 QQ群），及时发布各种审计规定、标准和要求，评述审计查处案例与处罚结果，安排专人实时提供审计咨询等，着力改善全校干部职工思想上不重视、认识上不全面、行动上不配合的不利状况，促使大家从思想认识上、行动上自觉遵从并执行内审规定，改变"要审我"，实现"我要审"，真正达到"人人知内审，个个守规矩，干部要考评，内审来作答"的理想境界。

（二）健全内审制度，统一审计标准

高校应当根据《中华人民共和国审计法》《教育系统内部审计工作规定》等法律法规，针对当前实际，结合未来发展趋势，健全内审体制，搞活内审机制，全面修订、补充、完善本校内审的规定、标准、要求、流程，制定并严格实施校内预算审计办法、专项资金绩效审计办法、审计整改检查办法及审计评价结果运用规定等，明确内审机构和内审人员的职责权利和被审计部门及被审计中层干部的义务，把每一条规定、标准、要求写明列细，形成一个有机的内审法规体系，这样才能做到"审计有法规，工作有要求，评价有标准，结果有应用"，规定到位，措施对点，找准穴位，对症下药，加强审计计划管理、质量管理、风险管理等，最终实现内审规范化、制度化、程序化、标准化、精细化管理。

（三）增加内审人员，提升综合素质

高校当前现有内审人员数量严重不足，综合素质极为低下，难以全面有效发挥内审监督、评价、促进和制约作用。高校在突出内审权威性，改变全体干部职工"怕审计，恨审计"陈旧落后观念的同时，重点要从内审人员着手。"打铁还需自身硬",审计要靠"人"完成,"人"在内审中是唯一不可缺少的关键要素。因此,在安排岗位和人员时应当向内审部门倾斜,优先增加审计人员数量,提高审计人员待遇(包括职务、职称待遇和薪酬福利待遇),并加强审计人员综合素质培养,注重审计职业道德教育,大力提升审计人员综合审计能力,全力打造一支政治过硬、道德高尚、业务全面的高素质审计队伍,真正实现内审人员"要审、会审、能审、敢审"。

首先,严格把好人员关,健全德才兼备、任人唯贤的选人用人机制。选拔和安排内审人员时,"德"是第一,"能"居其次,一定要把那些政治立场坚定、道德情操高尚、审计理论扎实、会计实务经验丰富、政策法规熟、责任意识强、动手能力棒、敢于讲原则、勇于做实事的综合素质较高的审计人员选拔、安排到审计部门承担专职审计工作。并针对审计人员个人的才能和特点将其安排到较为适合其能力发挥的岗位,委以重任,给予科级以上实职待遇,充分做到"任人唯贤,人尽其才,才尽其用",彻底改变当前内审人员"只求过得去,不求过得硬""不出问题不审计,领导不问不审计,即便审计也无心"的消极怠慢窝工现象,充分发挥审计人员的积极性、主动性、维法护法性。

其次,加强审计人员法律法规及职业道德教育,强化业务培训和指导,全面提升内审人员综合素质。社会发展日新月异,审计情况千变万化,要保证审计人员良好的职业道德和熟练高超的业务技能,必须定期对审计人员进行法律法规知识、职业道德观念和审计理论与方法体系、审计策略、审计手段、审计技术、计算机编程设计等的培训,强化对审计人员的业务规范指导,把规范、培训、考核、使用等诸环节紧密结合起来,把现代化的信息技术审计手段应用到审计工作中,确保审计人员的法规意识、道德修养、业务能力和综合素质持续得到加强和提高,大力培养审计人员精益求精的态度和"敢审、会审、能审"的精神,提高审计人员依法审计、文明审计和敏锐的洞察力、判断力、组织协调能力等,注重实践锻炼,彻底解决审计人员业务知识贫乏或专业知识老化、技术手段落后、业务能力低下等问题。

最后,高校应当采取措施坚决维护审计人员的合法权益,保证审计人员的待遇,保护审计人员的安全,避免其被打击报复,并建立健全检查、考核、评价、奖罚制度,重视运用评价结果,将其与岗位待遇、聘任行政职务或专业职务、提职、晋级、精神与物质奖励等结合起来,通过奖优惩劣,促使审计人员增强责任感,注重工作业绩,注重遵纪守法，廉洁奉公，不论遇到何种情况，不丧失原则，不图谋私利。

（四）更新审计理念，采用先进手段

在当前全球经济一体化、知识经济全球化、科学技术产业化、信息手段科学化的情况下，审计领域的理念、技术、手段、方法等发生了翻天覆地的变化。面对新形势、新任务，高校内审首先必须除旧革新，更新审计理念，转变审计观点，创新审计手段，不应只局限于"出了问题才来审，领导要求才来审"。要充分发挥内审的积极性、主动性和创造性，"找准穴位，对症下药，早下药，下猛药，求实效"，一定要找准当前高校预算管理、内控管理、工程管理及绩效管理方面存在的问题及弊端，提早实施审计，开展事先、事中审计监督，及时提出建设性的意见和措施，堵塞漏洞，杜绝舞弊。其次必须更新审计设备，配备性能优良的计算机及其他辅助设备，建立健全内审信息化网络平台，及时传达国家政策法规、审计法规、处罚规定、案例警示等，便捷、准确、高效、快捷地传递内审正能量。最后必须改进审计手段，充分运用现代先进科学技术和网络优势，针对高校教学管理、资产管理、财务管理、工程管理、学生学费管理、科研管理等全面运用计算机信息技术的实情设计一套高效适用的内审软件体系（包括审计现场作业软件、审计法规软件、审计管理软件、经责审计软件、工程审计软件、内控审计软件等），并与财务系统、管理系统、校园网平台连接，建立和完善内审对象数据库，积极探索跨专业数据整合、多数据综合分析的计算机审计方法体系，不断提高审计效能和信息化水平，着力培养审计人员熟练掌握和运用计算机技术的能力，实行无纸化审计，努力做到远程审计、联网审计，全面推行内审信息化工作，提升内审综合水平，着力解决高校领导重视、职工关切的热点、难点问题。

（五）深化预算审计，提高预算效果

预算（省级部门预算或校内综合财务预算）既是高校对人、财、物进行优化配置、控制、使用和管理的关键，又是高校领导层和管理层执行有效经济活动责、权、利明确划分的制度保障和资金保障，涉及高校所有的教学科研活动和每一个业务环节，对高校健康可持续发展起到至关重要的作用，是高校合理安排资金、提高资金使用效益的支柱。因此必须深化高校预算审计，把审计监评贯穿于预算全过程，全面发挥内审对预算编制、执行、调整及其结果的监督检查、考核评价作用，保证预算执行的效果，促进预算目标的实现。

首先，高校内审部门应安排专业能力强、综合素质高的专职审计人员参与学校预算编制过程，掌握预算编制法规、口径和内容，从预算目标是否明确，预算编制是否全面，内容是否完整，预算定额是否适当，支出结构是否优化，支出项目是否细化，资金安排是否合理等方面实时对预算编制情况进行监督检查，重点对预算安排的必要性、真实性、合理性、规范性、可操作性、目标性、绩效性进行全面的审查评价，特别关注资金需求大、实施时间长的项目的预算安排，促进学校建立健全以预算编制为基础、绩效评价为手段、结果应用为导向、覆盖全校所有资金和业务活动的预算审计体系，全面提高预算编制审计水平。

其次，高校内审部门必须强化对预算执行的监督检查。要保证年初预算得到不偏不斜的执行，高校内审部门应设置专门的预算执行监督检查岗位，加大预算执行监督检查力度，从紧、从严监督预算执行，重点关注预算执行缓慢、随意进行预算调整、追加等情况，坚决查处实际支出超编、超标、超额度、违纪违规和无预算及变相开支行为，促进并密切关注各责任部门加快预算执行进度，及时找出预算执行过程中的偏差、漏洞及存在的其他问题，认真分析查找原因，堵塞违规用款行为，严肃预算纪律，对预算执行进度缓慢、预算执行只顾花钱不想做事以及违纪违规等情况予以坚决查处，定期通报和公示预算执行情况，并限期整改，避免权责不清、推诿扯皮、效率低下等问题，确保按预算和项目实施进度及时用款，保障预算安排的权威性、严肃性。

最后，高校内审应强化预算执行结果审计，在问责上下功夫，从绩效中找捷径。预算结果审计与考评奖惩是预算管理的生命线，通过科学合理的审计与考评奖惩，才能确保预算管理落到实处，从而提高学校预算的刚性，使预算真正成为约束高校教学科研活动的坚不可破、牢不可摧的既定法则，着力促使高校完善"预算编制有审计、预算执行有审计、预算完成有审计、审计结果有反馈、反馈结果有应用"综合的，全过程的，在责、权、利相结合基础上的"内容具体，指标明确，奖惩到位"的高校预算审计考评奖惩体系，制定预算审计考核奖惩办法，实施严格的预算审计奖惩，通过"源头参与，过程监管，结果审计，有奖有罚"等具体措施来保障高校预算的权威性和效益性。对预算支出执行进度快、均衡性好、效益好的部门给予表彰和奖励；对预算执行进度缓慢、年终结余较大、年底"突击花钱"等预算执行不力的部门给予通报批评，并限期整改，同时相应缩减其下一年度预算安排，以此充分调动各部门的积极性，使预算安抚、预算执行与预算结果得到高度的协调和统一，保证高校预算责、权、利真正落到实处。

（六）健全经责审计，保证廉洁勤政

开展并强化领导干部任期经济责任审计制度，是从源头上预防和治理腐败，推进依法治校，促进党风廉政建设，强化干部管理和监督，促进领导干部廉洁自律、认真履行工作职责的重要举措。高校对内部审计应当做到"思想上重视，工作中支持，经费上保障，行动上协调，结果上应用"，坚持"两手抓，两手都要硬"的战略方针，坚持"全面推进、突出重点、健全制度、规范管理、提高质量、深化发展"的工作思路，进一步解放思想、探索创新，以建立健全经济责任审计工作管理体制和运行机制为目标，以深化审计内容、完善审计评价和强化审计结果运用为重点，以审计规范化建设和干部队伍建设为保障，认真履行审计监督职责，坚定不移地贯彻党中央反腐倡廉的方针政策和各项工作部署，提高经济责任审计工作的质量和水平，有效发挥经济责任审计在加强干部管理监督、建立健全惩治和预防腐败体系、促进经济社会科学发展、推动完善高校治理等方面的积极作用，真正实现"源头防腐，过程监腐，结果惩腐"，给高校廉洁勤政一片洁净的天空。

一方面，高校党委和校级领导应当充分认识到加强领导干部任期经济责任审计的重要性和必要性，应当把它列入重要议事日程，积极探索，大胆实践，狠抓落实，充分发挥审计监督在加强干部考核和管理工作中的重要作用；要切实加强领导，大力支持内审部门开展高校处级干部任期经济责任审计，及时帮助解决工作中遇到的困难和问题；高校纪检监察、组织、人事、财务和审计部门在工作中应当加强协调配合，建立健全经济责任审计工作联席会议制度，定期交流和通报情况，重视和利用审计结果，及时研究解决工作中遇到的重大问题，共同抓好这项工作。

另一方面，高校应当进一步完善校内处级领导干部任期经济责任审计法规体系，制定一套具体有效的经济责任审计评价指标体系和标准，建立健全内审经责审计机构、议事规则和工作规则，明确职责分工，进一步充实经责审计工作力量，保证开展经济责任审计工作所必需的经费，加强协作配合和工作衔接，做到审计事项共商、审计信息共享、审计结果共用，在全校范围内形成上下联通、制度健全、管理规范、运转有序、工作高效的经济责任审计工作机制。

第三章　新时代高校财务管理模式的创新与实践

第一节　高校财务管理模式的现状与问题分析

当前我国高等院校普遍使用的财务管理模式有统一领导下的集中财务管理模式和统一领导下的分级财务管理模式。两种财务管理模式都是伴随着我国经济社会的发展及高校规模的扩大和水平的不断提高逐步应用的。

一、高校财务管理模式的现状

根据参考的大量文献资料以及统计数据分析，我国大多数高校在财务管理的模式上实行的是以财务科为财务管理核心的单级财务管理模式。也就是说，一般的高校都会设立一个部门（如财务科），而学校的财务管理工作全部由财务科实行单一级别的管理方式。但是在一些大的学校，由于二级院系较多，就有可能存在二级院系、学校部门和财务部门之间很难达到协调一致的情况。各个部门（院系）都从自身部门（院系）的职责、实际情况和利益出发，无法在真正意义上达到平衡。另外，国内许多高校的财务部门的工作重点都放在财务预算的编制与审核上，而忽视了财务预算下发后的管理以及财务的执行状况，特别是在财务预算的管理上缺少理财意识和效率观念，往往导致预算的编制成为财务部门的主要工作。而在财务预算的支出上，财务部门无法切实根据二级院系的实际情况做出科学的编制，没有能够明确财务预算的分支，财务预算的整体也缺乏必要的科学标准，如果单纯依靠财务部门的财务数据进行分析，无法满足各部门和院系的实际需要。而我国高校长时间使用"报账"财务管理制度，而没有对财务的预测和财务的分析进行有效控制，更没有从学校的办学成本和经济效益角度进行分析，对高校的融资行为和负债能力进行合理的测算，这一系列的不足就会导致高校在财务管理工作中出现财务决策的偏差及不合理和不科学的状况。

　　随着高校财务管理模式的不断探索和发展，一部分高校在财务管理上也开始有所创新。一些高校在财务部门设置了"经费使用定额包干"制度，但是在执行过程中还存在不完善。特别是在资产管理上，很多高校的用地是政府划拨的，是无偿的，国家也不要求对划拨的这部分土地进行作价，高校也往往没有按照自估价入账，这就导致会计制度与学校的实际资产不相符，土地资源等没有登记入账。

　　在融资方面，许多高校在进行校区建设时，一般都会遇到建设资金方面的巨大困难，而工程款也通常会拖欠。这样就使得在建设时，对于已经使用的学校建筑物因为工程没有结算而不能正常统计到固定资产中，使得有使用价值、已经使用的建筑没有体现实际的账面价值。在各国对于职业教育的投入指数表（见表3-1）的对比中也可以看出，国外许多国家对于职业教育从国家层面给予了大量的财政扶持，所以学校的资金较为充足。而在我国，国家对于高校的投入会存在一些投入不均衡的现象，这就导致了高校的财务管理活动，特别是高校在学校融资的方式中，政府投入仅仅占到很少的一部分，学习融资一般情况下都是以自筹为主。

表 3-1　各国对于职业教育投入的综合评价指数 FUND INDEX（%）

国家	AEPS（美元）	GDPBC（美元）	FUND INDEX（%）
丹麦	12578	33626	37.41
德国	10251	30496	33.64
英国	8752	31580	27.71
美国	12185	41674	29.24
日本	8067	30290	26.63
俄罗斯	1995	11861	16.82
中国	533	4091	13.03

　　注：GDPBC 表示人均 GDP，AEPS 表示生均经费投入。

　　根据高校财务管理的理论，在学校内部，财务管理的监督机制是必不可少的。有效的财务监督机制是学校整体内控的重要方面，更能够保证高校财务活动的合理性与科学性。而高校财务管理中，如果财务内部控制工作无法落实，那么财务管理就无法发挥应有的作用。所以，我国目前高校财务管理的模式还有很多不足之处，而在现有的背景下，如何改革高校财务管理的模式，发挥高校财务管理工作的科学性，实现高校财务工作的有效运行，就成为学术界和高校管理界的研究重点之一。

（一）统一领导下的集中财务管理模式

统一领导下的集中财务管理模式，强调的是在学校的统一领导下，学校层面对整体的财务工作进行集中管理，学校层面会根据学校的教学、行政和其他工作的具体情况进行统筹安排和使用各项经费。这种模式建立在学校的整体财务管理控制的基础上，统一编制学校的财政预算，统一制定学校经济与财务管理的指导思想，对学校的资源进行有效配置。集中的财务管理模式还主要表现在，高校财务核算与财务审批权的集中管理、学校财务管理制度和财务执行的集中管理。

统一领导下的集中财务管理模式，一般情况下在学校设置一个统一的财务部门，如财务科（会计部）等，这个部门对学校所有的经费进行管理，对学校内部所有的财务事务进行领导与管理。学校的其他部门和二级院校的财务活动必须经过财务科（会计部）的审核，做到学校财务权力的统一和集中。在机构上，只设立这一个机构，没有其他同级别的机构，在二级院系中也不会设立会计部门。

（二）统一领导下的分级财务管理模式

统一领导下的分级财务管理模式一般存在于规模较大的高校，是指在学校的统一领导下，学校各单位根据学校统一制定的财务管理制度进行权力划分，学校层面和各单位层面对财务实施的是分级管理。在统一领导下的分级财务管理中，各个二级院系和部门可以在学校内部的财务制度的前提下，根据实际情况对学校分配的资源和资金预算按照需要进行合理的使用。

分级管理的财务模式并没有将财务管理的权力直接下放给二级院系和部门，而只是下放权限，二级院系和部门并没有实际拥有学校的经费。整个学校的实体资金还是统一由学校的一级财务部门进行管理，一级财务部门对学校预算的资金进行监督。二级院系在实施管理时，可以自行制定财务规章制度，但是必须由学校层面统一领导。

（三）两种财务管理模式的比较

通过对统一领导下的集中财务管理模式和统一领导下的分级财务管理模式的分析可以看出，两种财务管理模式都是伴随着我国经济社会的发展及高校规模的扩大和水平的不断提高逐步应用的，两种模式各自的特点是进行比较分析的基础。

在一般情况下，统一领导下的集中财务管理模式可以加强学校对于财务工作的集中管理，能够做到更有效地分配和使用资源，保证学校能够把有限的资源尽可能地进行统筹安排、合理规划，保证学校日常的教学工作顺利进行。根据研究发现，统一领导下的集中财务管理模式有利于学校将经费更多地投入学校的教学和科研工作中，切实做到将经费用到实处。对于学校财务管理的整体工作来说，统一领导下的集中财务管理模式也便于学校对于财务预算整体编制进行合理的控制，保证学校财务工作的整体运行。但是我们也可以看到，统一领导下的集中财务管理模式过分地把学校的财务管理放到了学校一级，导致权力的过度集中；对于二级院系来说，限制作用较大，缺乏必要的激励机制，也不能真正做到从二级院系的实际情况出发，限制了二级院系的积极性。当前，高校之间的竞争越来越激烈，除了传统意义上的学历教育，非学历教育和专业培训等方面的内容也成为高校之间竞争的内容之一。而高校的教学和科研工作是在二级院系进行的，所以学校应该下放部分财务管理的权限，使部分二级院系能够有一定的经济权限，更好地做好科研与教学工作。

　　而统一领导下的分级财务管理模式在权力的集中与分散中找到了一个平衡点，在一定程度上，在现有高校经费紧张的前提下，可以有效给予二级院系部分经济和财务权限，二级院系可以根据实际情况进行合理的分配和使用，有利于提高二级院系的积极性。二级院系在日常的财务管理工作中，尽可能地做到预算的合理使用，有利于学校财务部门与院系的良好沟通，有利于学校财务工作的开展。但是统一领导下的分级财务管理模式也有其不足之处。当二级院系有一定的财务权限时，学校的财务管理部门如何进行有效的财务管理、对二级院系的财务活动进行有效的监督和控制便成为问题，而且这种管理模式容易造成二级院系的利益与学校整体利益相冲突，反而不利于学校财务工作的长远发展。当前学校财务工作的内控机制不到位，容易造成资金的使用不到位甚至违纪行为。部分实施统一领导下的分级财务管理模式的高等院校，在财务部门的机构设置上也存在一定的矛盾。例如，学校层面设有一级财务管理部门，而二级院系需要设立二级财务管理人员，二级院系的财务管理人员在人员管理上是服从于二级院系的，但是从工作角度来说又直接隶属于一级财务管理机构。所以，这种较为混乱的管理层级，容易造成管理不畅。双头管理也更容易造成一级财务管理部门的监督职能不能得到充分发挥。所以，统一领导下的分级财务管理模式也不能完全在高校中推行。

　　综上所述，统一领导下的集中财务管理模式和统一领导下的分级财务管理模式在一定层面上都有其优势，但也同时具有不足之处，而二者的集中矛盾主要体现在财务权力的集中还是分散上。这也就需要高校结合自身发展情况，尽可能地选择适合自身工作的财务管理模式。前面也从两种财务管理模式的比较分析中明确，对高校财务管理模式进行创新，除了要尽可能在财务权力方面达到平衡之外，还要更适合高校的发展和人才培养机制。

二、高校财务管理现存问题

（一）领导体制不完善

第一，经济责任难以落实。不管是"统一领导、集中管理"模式，还是"统一领导、分级管理"模式，我国高校财务管理体制都必须"统一领导"，也即学校财务工作实行校（院）长负责制。然而，一旦出现投资失误或资金流失，校长、副校长和财务处长、基建处长、资产处长等谁应负什么责任，谁是第一责任人，模糊不清。"统一领导、分级管理"虽然在一定程度上理顺了校内财务关系，但是"高校二级院系主管基本上只是享受权利，而无实质义务，经济责任根本没有真正落实到人"。

第二，总会计师定位笼统。虽然《高等学校财务制度》进一步明确了总会计师的职权职责，但是仍然定位笼统。总会计师协助校（院）长管理学校财务工作，也意味着总会计师接受"统一领导"，只是校（院）长的"财务助理"；总会计师承担相应的领导和管理责任，也没有从实质意义上规定其具体行为责任。总之，高校总会计师被定位成战略意义上的财务管理策划者以及方向意义上的财务实施理念引导者，没有具体的行为准则和工作内容，显得有些笼统。另外，在实际工作中也可以看到，有的高校管理者不愿意总会计师参与财务管理，有的总会计师也身兼数职，影响其自身功能的发挥。

（二）运行机制不科学

第一，财务资源配置繁杂。从现实情况看，高校在一级财务机构下设置后勤、科技开发、校办产业及基本建设等部门的二级财务机构，这样一来，高校就会出现财务资源配置繁杂的局面。首先，分级管理的最直接结果就是学校形成一支庞大的会计队伍，并且这些人员来自不同级别的财务机构，数量较多容易造成财务人力资源利用效益不高。其次，高校内部财务管理工作人员需要一定的办公空间和基本设备，而会计人员的庞大和管理单位的增多无疑会扩大高校财务部门的物质基础建设。

再次，高校财务集中管理的优点在于统一的财务方针政策、财务规章制度及财务事项，便于管理和执行，而分级核算由于各个财务单位和组织整体不一，管理难度加大，学校内部财务正常运转效率难以提高。

第二，绩效评价管理缺乏。《高等学校财务制度》第二十九条明确要求高校应当加强支出管理，进行支出绩效评价。但目前，我国大部分高校财务管理只注重事前预测和事中控制，缺乏事后控制，其实事前预测只是一种预算管理，而事后控制则属于绩效评价，在此意义上，事后控制才具有指导、激励、明示的作用。绩效评价能够根据指标计算出资金的使用效率，量化财务责任人的考核结果，这也正是我国高校财政管理体制所缺乏的。

（三）队伍建设不重视

《教育部、财政部关于高等学校建立经济责任制加强财务管理的几点意见》强调：必须做好各级经济责任人和各级财会人员的上岗培训工作。然而，受固有体制和传统思想的影响，高校财政管理队伍建设仍然得不到应有的重视，这在一定程度上造成了财务管理人员素质不高，尤其在管理方面表现得更为突出。一方面，高校财务管理人员受陈旧思想的影响，只热衷于财务核算，"缺乏正确的效益观念和理财意识"，缺乏对高校综合服务能力、校内各部门资源配置与利用能力、学校对外投资收益能力、高校社会贡献能力等的分析，而这些正是当今高校财务管理体制所急需的；另一方面，随着知识型社会和信息化时代的到来，知识更新周期变短，而高校一部分财务管理人员缺乏了解新知识、掌握新技术的积极性，并且学校财政主管领导和部门也无心组织培训和考查，不重视财务人员队伍建设，跟不上我国高校改革的步伐。

（四）高校财务管理职能与其他部门职能交叉，边界不清

目前，我国高校与资源相关业务主要有财务、人事、基建、资产、设备和图书六个方面，它们分别由六个部门管理，并且信息处理系统各自独立运作。各高校的这六个部门都必须分别向上级主管机构报送数据，按照各部门的要求，建立各自的信息处理系统。这样的业务体系存在管理机构重叠、资源管理分散、浪费人力、资源利用难以统筹等弊端。而财务部门仅承担预算控制、会计核算和现金出纳等财务职能。

受传统体制和管理职能的影响，高校财务管理的预算管理认识没能提到应有的高度上，主流的观点认为学校预算管理就是预算编制，高校预算管理只是财务部门的事，这导致高校预算管理存在以下几方面的问题：第一，预算失真。各部门上报预算数据准确度低，且高校一般采用

"基数增长法"来分配预算经费，实际执行中只能增不能减，造成了部门经费的浪费，支出不能合理控制。第二，预算支出监管不力。预算编制和批复未能及时到达项目，造成预算下达晚、执行慢，大量专项资金集中在第四季度进行支付，这就给财务监督造成很大困难。第三，预算管理奖惩机制还没有形成。节约的没有奖励，超支的没有惩罚，造成资金利用效率低下，部门之间资金矛盾加剧。

现阶段，高校财务评价指标体系仍缺乏综合财务能力分析，缺乏校内各部门资源配置与利用能力分析，缺乏资产运用效率分析，缺乏对外投资收益能力分析。

第二节　高校财务管理模式创新思路

一、高校财务管理模式创新的基本原则

（一）必须坚持"宏观主控，微观适调"的原则

为了克服计划经济条件下财务管理模式的弊端，在确立财务管理模式时必须坚持"宏观主控，微观适调"的原则。因为在分级管理模式下学校各单位不是独立于学校财务管理部门的分散自主的部门，而是在学校的宏观控制下的分权分级的部门。因此，在整个学校财务的运行过程中，宏观管理始终处于主导地位，对分级管理起着指导和制约作用。

（二）必须处理好责、权、利的关系

建立高校财务管理模式的核心问题就是要处理好学校集权与分权的关系，要把学校领导的统一性和基层单位的独立性有机结合起来，使资金既能从宏观上有效地得到利用，又能给基层单位一定的财权，使其承担相应的经济责任，调动学校和基层两方面生财和理财的积极性。

（三）必须与市场经济大环境相适应

随着社会主义市场经济的不断完善，高等学校的资金来源打破了过去政府或主管部门的单一收入模式，资金筹措渠道逐渐增多，资金需求额度逐渐加大。因此，财务管理模式必须适应这一变化的新形势，必须将市场观念导入财务管理中，以价值规律和市场为导向，调节学校发展中人、财、物各方面的需求和供给，逐步适应市场经济的发展。

（四）必须与高校自身的管理体系、发展模式相适应

财务管理是高校管理工作的重要一环，因此，财务管理模式必须与学校的管理体系相适应，必须与学校的改革与发展相适应，必须从学校

的办学规模、教学及管理模式、财力大小，甚至历史沿革等情况出发选择管理方式和管理办法，形成自己独特的、科学的、适应本校发展的财务管理模式，达到为学校的改革与发展提供支持、为学校的教学和科研提供服务的目的，这样才能促进学校各项事业的发展。

二、高校财务管理模式创新的基本思路

（一）建立高校新的管理体制

（1）打破垄断，构建三足鼎立的办学体制。

首先，要打破高等教育垄断的格局，进一步开放市场，构建三足鼎立的办学体制。其次，要让国有高校和民办高校享受相同的国民待遇权利；要按照世贸组织的规则要求，修改和完善相关的法律政策，引入外资办学或支持国内名牌大学出境办学，积极开拓境内外教育市场。

（2）规范政府管理行为，提高高校的法人意识。

政府要为高等教育的发展创造良好的制度环境、法律环境，完善教育市场的竞争规则等。高等学校自主办学，不仅要政府松绑，而且要求高校本身具有法人意识。因此，高校对内部的管理就是要建立适应市场竞争的现代管理制度，因为随着市场经济和国际竞争的进一步发展，高校从政府控制走向市场制度运作是一个总的趋势。

（3）健全和完善高校的自我约束机制。

健全和完善高等学校的自我约束机制，调动高校自主办学内在自律行为，这种约束力远远比"外部职权"更有效。因此，在高校自己办学的原则下，高校应进一步健全自我约束的管理机制，让其按照市场经济的要求和社会经济发展的需要，形成自我约束、自我发展的办学实体。

（二）建立高校新的组织结构模式

（1）高校组织结构模式的设计和建设必须把直线制和职能制结合起来。

直线制主要解决的是指挥统一、层级管理的问题。高校存在着直线制和职能制双重结构的统一，又因为单独使用直线制和职能制所具有的缺点，选择直线—职能制组织结构无疑是一种最佳选择。直线制和职能制的结合，既没有削弱直线制的职权，也没有限制职能权力作用的发挥，两种模式在同一组织层面上发挥着不同的作用。

（2）高校组织结构的设计和建设必须把集权和分权结合起来。

，一般来说，高校内部校长掌握全局性、战略性、长期性问题的决策权，而各院系则必须在适当的授权下对本部门管辖内的教学及经费使

用等进行管理。特别是在信息时代，上级部门和下级部门在信息掌握上几乎是同步的，但上级部门和下级部门关注问题的角度往往不同，上级部门从全局角度对问题进行决策，而下级部门只能在上级部门的决策和规定下进一步落实和执行。所以把集权和分权有效结合起来是组织结构设计时重点考虑的因素。

三、高校财务管理模式创新的内容

（一）高等教育体制的改革影响高校财务管理模式

《中国中央关于教育体制改革的决定》中明确提出："必须从教育体制入手，有系统地进行改革。改革管理体制，在加强宏观管理的同时，坚决实行简政放权，扩大学校的办学自主权。"从 20 世纪 90 年代中后期以来，根据《中国教育改革和发展纲要》的精神要求，我国的高等教育按照"共建、调整、合并、合作"的方针对高校管理体制进行了进一步改革。总体来讲，这些改革使得学校办学自主权逐步扩大，为高校内部实行校院两级管理、提高学院办学积极性提供了政策依据，也使得高校在财务管理模式的选择上有了一定的灵活性。

（二）财政拨款体制和支付方式影响高校财务管理模式

我国公立高校收入结构中政府财政拨款收入占 50%～70%，因此，政府拨款方式直接影响着高校财务管理的模式。例如，由于最近几年的部门预算改革和国库集中支付改革，部属高校和一些地方院校拨款收入中专项拨款大大高于正常经费拨款，由于专项拨款具有专款专用的性质，再加上国库集中支付，高校对这一部分财源的控制权很小，也就是说，高校不能对其所有收入进行自由调控。所以，在我国目前这种以国家拨款为主体的高校中，财政管理体制对高校财务模式的选择有着很直接的影响。

（三）经费来源多元化影响高校财务管理模式

随着教育事业的发展和教育改革的不断深入，学校的经营收入和捐赠收入等其他经费来源逐渐增加。资金来源渠道的多元化使得高等学校财务管理对象由原来简单的预算收支流量管理转变为对学校的资金、资产和资本进行全面核算，更加重视教育投资的绩效和投资回报率。这些变化使得高校财务管理的职能扩展到产、学、研的各个环节，要求核算和绩效考评具体化、精细化。

（四）教育规模的扩大影响高等财务管理模式

为了更好地满足社会发展的需要，从 1999 年开始我国高校实行扩招政策。在扩招初期，由于高校规模扩大，高校要想快速发展，就需要集中资金和财力办大事，因此，学校必须采取集中管理的财务管理模式，以提高资金的使用效益。近几年来，高校大规模扩招所导致的财务问题已开始显现，银行贷款还款压力剧增、运行经费紧张等成为影响学校发展的重要问题。在这种情况下，集中式财务管理模式的弊端也逐渐暴露出来。高校内部管理效率不高，权责不清，学院办学积极性下降，办学绩效受到很大影响。为了应对这些挑战，高校不得不从粗放的管理转向精细的管理，力求节约资金，提高资金使用效益。一些高校采取财权下放的改革措施，并取得了一定的成效。

第三节　新时代高校财务管理模式的创新实践

一、高校财务管理模式创新的组织保障

（一）加强财务管理组织机构建设

在"统一领导，集中管理或分级管理"的框架下，当前我国所有高校，即便是规模较小的高校都采用了权责更为明确、管理更为活跃、机制更为灵活的"统一领导，分级管理，集中核算，项目控制，绩效考评"的、更能适应社会经济环境和市场需要的科学的财务管理体制。

1. 集中核算

按统一要求、集中调配的原则，高校所有资金收付都必须由其财务部门集中管理，校属各部门均不得自立收费项目和收费标准，更不得自行收费，私管资金。这样既能从资金进口上控制和集中学校所有可支配资金，又能从资金出口上加大控制和管理，提升学校资金实力和办学能力，彻底改变"重核算轻管理"的片面做法，着重加强学校资金运作，拓宽资金来源渠道，控制资金应用方向，加强事前、事中、事后的资金效益管理，全面提升财务管理在高校经济管理工作中的核心作用。

2. 项目控制

目前我国高校实行了以预算编制为基础、绩效评价为手段、结果应用为导向、覆盖全校所有资金和业务活动的全面预算管理和项目控制。在每年编制预算时，坚持收支平衡、统筹兼顾、积极稳妥、勤俭节约、事权与财权相匹配的原则，将责任和权利进行明确并层层落实分解，对人员经费实行定员定额管理，做细做精预算安排；对项目经费采取部门内部评审、专家评审等多种形式；对项目的必要性、绩效性进行充分的

论证，优化支出结构，细化支出项目，突出项目目标管理。高校在通盘考虑学校整体资金来源和资金需求的基础上，在科学合理确定高校全年度收支总额的基础上，针对每项资金来源、每项资金使用都设置了具体的项目名称，安排了具体的资金数额，并在实际执行过程中统一监管和逐一核算，坚决杜绝超用、挪用和无预算项目开支资金的情况，真正做到了资金"预算到位，管理到位，控制到位，核算到位，使用到位"。

3. 绩效考评

为实现"权利到位，责任到位，效益到位"的目标，高校按管理层次，应建立学校和部门负责人经济责任制，并建立健全相应的经济效益考核评价奖惩机制。设置专门的部门对校属各部门经济责任履行情况、开展经济活动的绩效情况进行全面监督检查、考核评价，及时找出经济管理过程中的偏差、漏洞及存在的其他问题，认真分析查找原因，堵塞违规用款行为，严肃财经纪律。通过"源头控制，过程监管，绩效评价，有奖有罚"等具体措施来保证科学、合理地考核评价校属各部门的业绩，高校财务管理"统得有序，控得到位，管得有效，奖得有用"，保证高校内部责、权、利真正落到实处。

（二）收付实现与权责发生相结合

我国预算会计界认为："事业单位应当根据业务性质合理确认收入的实现"。预算会计界还认为："权责发生制体现了收入与支出之间的配比关系，揭示了收入与支出的内在联系，有利于事业单位加强内部经济管理，提高社会效益和事业成果考核。"随着高校收入来源和支出用途的多样化以及强化教育成本管理核算，权责发生制是一种必然的选择。但是会计核算基础必须适应高校的特点，因此不能完全采用权责发生制作为高校会计核算基础。建议高校在实行收付实现制的同时，根据学校内部核算和管理需要，部分地采用权责发生制来弥补收付实现制的不足。

二、高校财务管理模式创新的制度保障

（一）完善全面预算管理制度

1. 加强预算执行力度，强化预算约束力

学校内部预算管理体系与财务管理体制相适应。预算管理的组织体系及其运行机制是执行预算、实现预算目标的组织保障。已经审定的财务预算执行如何关系到学校年度工作完成的好坏，影响学校事业发展和规划。为此必须加强预算执行力度，强化刚性管理指标。对于重大项目

经费支出，必须有归口领导审批，严格按照预算内容项目执行。

2. 成立会计结算中心，集中进行财务管理

在校属各单位资金使用权、财务自主权不变的情况下，成立会计结算中心。实行会计集中核算后，规范的办事程序、严格的会计监督，使得各单位财务透明度进一步提高，财务收支的合法性进一步加强。在学校统一领导下，实行全面预算管理，统一渠道进出，集中办理全校各单位的资金核算和会计核算。会计结算中心根据学校预算和有关的计划、合同，对各单位的进出资金和每项结算业务的合理性、合法性进行监督，使之完全置于学校的监控之下。

3. 预算编制的科学化、规范化

在预算的编制过程中，要按轻重缓急进行排序，优先安排急需可行的项目，实行专项项目滚动预算。可行的项目，当年安排不了的自动滚到下一年去。各收支项目必须有合理的编制依据，要有详细甚至统一的定额标准，逐渐做到人员经费按人数、公用经费按定额、专项经费按项目来确定。分别建立教学基础设施改造、公用服务体系建设、专项设备建设、队伍建设等专项建设项目库，并根据学校的教育事业发展计划，不断更新、完善，使专项建设目标和学校总体规划相适应，提高专项资金的使用效益。

（二）健全资产管理制度

1. 建立"大资产"管理体制

成立"国有资产管理处"，横向上把学校全部固定资产、无形资产和投资资产等各种形态的资产，纵向上把从资产的形成到使用过程中的调剂，再到最后的处置的各个管理阶段及各个环节，统一由国有资产管理处管理，改变国有资产多头管理的现状。建立资产的产权产籍管理和具体使用管理两权分离的管理机制，规范两权管理流程，强化两权的相互监督与制约，以有效防止资产流失。

2. 加强制度建设，强化管理措施

高等学校既要贯彻执行国家有关资产管理的法律、法规和规章，又要结合学校实际，建立本校可操作和可实施的国有资产管理制度体系，做到依法管理、规范管理、科学管理、高效管理，以维护资产的安全完整和提高设备的使用效益。建立如下一系列制度：资产的购置（包括论证制度和采购制度）和验收制度、财产保存管理制度（包括赔偿制度等）、使用和维护制度（包括国有资产保值增值制度）、出让管理制度（包括资产调拨制度、财产出租转让制度、资产评估制度等）、报废报批

制度、统计报告制度、监督检查制度、考核评价制度等。

3. 改革和完善高校的资产管理和核算制度

统一固定资产的分类，完善固定资产考核指标体系。财务制度对固定资产的分类应与资产管理部门的分类统一，这样有利于进行资产管理，便于统计和账目核对。制定高校固定资产管理的考核指标体系。结合各自的实际情况，制定本校可操作和可实施的内部固定资产考核指标体系，明确固定资产的合理确认标准。修订固定资产确认标准，应从效用、使用期限、单位价值等方面来界定固定资产，相应提高固定资产的确认标准。推行固定资产折旧制度。对高校的固定资产，应按照其性质、类别及使用情况，按期采用适当的折旧计算方法计提折旧。

4. 完善资产管理与财务管理的内部衔接机制

完善双向管理流程，对从资产的形成（如购置、验收）到资产使用中的调剂，再到最后处置的各个环节，在资产"存在"期间的形态、位置、数量、质量、价值等的各种变化，资产管理与财务管理都应从物到账、从账到物、从账到账适时保持动态一致。

5. 充分利用信息技术，实现动态监控功能

虽然国有资产管理部门和财务部分各自都有资产管理系统，但还没有实现信息资源共享，要建立学校"国有资产综合管理平台"，将各部门的信息数据进行对接，从解决办公自动化入手，逐步实现国有资产管理集成化、数字化、信息化。

三、高校财务管理模式创新的强化内部审计制度

（一）组织重视，制度健全

高校管理层要充分认识内部审计工作在内部管理、党风廉政建设等方面的作用和意义。只有领导重视，内审工作才能顺利展开，内审工作的质量才有可能提高。学校应建立健全内部审计规章制度，定期研究、部署和检查审计工作，及时审批年度工作计划、审计报告，督促审计意见或审计决定的执行，使内部审计工作制度化、常规化。要建立健全内部控制制度、内部审计工作报告机制、内部审计成果运用机制、内部审计工作考核机制和内部审计人才培养机制等。支持内部审计机构和审计人员依法履行职责，并提供经费保证和工作条件。对成绩显著的内部审计机构和审计人员进行表彰和奖励。

（二）合理设置，增强独立性

按照职责分明、科学管理的原则设置独立的审计机构，保证审计工

作所必需的专职人员编制，配备具有内部审计岗位资格的审计人员，也可以根据工作需要，聘请特约和兼职审计人员，并且在机构设置时，还应考虑分管领导的岗位牵制，增强审计独立性。

（三）加强内部审计队伍建设

高校内审领域比较宽泛，它要求审计人员不仅要拥有财会知识，还要具有经济管理、计算机、工程技术等知识。因此，高校一方面应选拔业务素质高的人员充实到审计岗位上来；另一方面还要通过培训，提高现有内审人员的水平。换言之，要有合格的、高素质的内部审计人员，他们除应具有严谨的工作作风、高度的责任心外，还须有过硬的业务能力。

（四）积极沟通，确保内审结果客观

内部审计人员必须增强内部审计的纪律性。如果在接到有碍审计独立性的工作时，可采用沟通汇报和职务分离的方法。沟通汇报是指与学校领导说明这不是审计的职权，避免接受此类任务。职务分离是指如果沟通无效，则声明内部审计人员做的是非审计业务，同时在安排审计任务时，把相关运营活动的审计任务交给内部审计的其他人员来做。只有这样，内审人员的审计才能相对独立，审计结果才会更加客观。

（五）拓宽范围，充分发挥内审职能

高校内部审计除了财务收支审计，其内容还包括：对学生的收费，预算执行和决算，预算内、外资金的使用和管理，专项教育资金的筹措、拨付、使用和管理，固定资产的使用和管理，基建、修缮工程项目，对外投资项目及对校办企业投资项目，内部控制制度的健全、有效，资金的风险与效益，以及本部门、本单位主要负责人和上级主管部门交办的其他事项。另外据有关调查统计，在高校，商业贿赂多发领域主要集中在以下五个方面：设备采购、图书教材采购领域，学生生活用品、学校消耗品采购领域，基建工程领域，办班领域。这四大领域往往是很多高校的事故多发区，因此内部审计时也应特别关注。

四、高校财务管理模式创新的财务评价

（一）高校财务评价的体系

只有在明确高校财务职能、目标和会计核算标准的前提下，才能对高校财务进行合理而准确的评价。财务风险和财务预警是财务评价体系中的一部分。高校财务风险是指在高校运营过程中因资金运动而面临的风险，高校财务预警系统是根据经济管理科学中的技术经济分析方法而

设置的一套高校财务分析指标体系。建立高校财务评价系统的目的，就是要在高校现有的财务管理和会计核算的基础上，采用合理、可比的原则，设置相关的量化指标，分析和评价高校办学资金使用的合理程度、财务管理水平和真实财力情况；通过该系统，找出高校之间存在的差距，及时揭示隐性问题，为各级领导的宏观决策提供客观的依据，并对高校财务运行中潜在的风险起到预警、预报的作用。

（二）高校财务绩效评价的原则

建立高等院校财务绩效指标体系时建议参照以下原则：第一，统一性原则。评价指标设计要注意统计与会计核算及业务核算的联系和统一，保证三者信息资源共享。专业评价、部门评价和综合评价都要遵循我国国民经济核算体系的统一要求，据此设计评价指标。第二，整体化原则。评价目标的多元化要求绩效指标能反映高校的总体绩效，要求突出有限目标并强调指标的相互独立性，如教学绩效与科研绩效的相互独立性。第三，长期利益原则。财务绩效评价体系的使用往往带有导向性功能，很容易使被评价者为追求眼前的效益而忽视长远的发展。因此，指标体系的建立应充分发挥导向作用，注重被评价高校的可持续发展能力。第四，动态完善原则。财务绩效的评价应充分考虑评价的趋势性，不断地进行修订和完善。第五，可比性原则。建立的指标体系可以与所有高校指标，甚至国外高校指标进行横向比较，且对本校各时期指标加以纵向比较，这就要求在动态变化过程中有相对稳定性，或能通过换算进行对比。第六，科学性原则。评价指标作为主观要求反映高校财务客观发展规律的工具，应注意指标的代表性和体系的完整性、权威性和准确性。第七，可操作性原则。所有指标使用的数据均可在现有的财务资料和会计核算数据中获取，以这些可验证的资料为基础，才能使评价不偏不倚。指标要简明扼要、定义明确、分类界限清楚，以便于理解和填报。

第四章 新时代高校财务管理制度的优化与创新

第一节 我国高校财务管理制度的问题分析

一、新时期高校财务管理面临的挑战

科学技术是第一生产力。知识经济时代的到来将高等教育推到促进经济发展与社会进步的至关重要的位置上。自 20 世纪 60 年代以来，各发展中国家的高等教育普遍面临扩张、多样化和知识革命的挑战。1999年，我国高等教育学校展开大规模扩张，仅 3 年时间就将高等教育毛入学率由 9％提升到 15％，步入国际公认的大众化高等教育发展阶段。随后，我国在《国家中长期教育改革和发展规划纲要（2010—2020 年）》文件中提出："到 2020 年，基本实现教育现代化，基本形成学习型社会，进入人力资源强国行列。"即要求我国高等教育实现规模扩张与质量提高双头并进。2002—2003 年，经济合作与发展组织（OECD）与英格兰高等教育拨款委员会（HEFCE）共同开展对高校财务管理与治理的调查研究，发现尽管各国政府对教育财政政策的调整从未间断，多数 OECD 国家的高校财务状况仍不同程度地显露出每况愈下的窘境。其诱因主要是办学规模的扩张、社会责任的增加和政府补贴的减少。

我国高校的外延式扩张和内涵式发展同样使高校财务状况面临严峻的挑战。扩大办学规模和提升教学质量导致的庞大的资金需求并没有带来财政拨款的提高。高校自筹经费的能力有限。扩招导致的办学条件瓶颈迅速转变为资金瓶颈。作为财政拨款不足的政策性补偿手段，政府积极推动银校合作。各高等教育学校普遍将银行贷款作为其筹备基础建设资金的来源。倚仗政府的隐形担保，有些高校甚至出现承担巨额负债的现象。巨额商业银行贷款支撑了 1999 年以来的高校扩招热潮，但是随之而来的还本付息压力给高校带来了沉重的负担。一些高校迫于还贷压力，不得不压缩教学经费，长此以往必将影响教学质量与科研实力。

在资金供应严重不足的同时，我国高校还普遍存在财务管理薄弱的问题，甚至出现浪费乃至贪污腐败的现象。国家审计机关、教育内审机构以及社会审计组织对高等院校的审计结果显示，高校的日常财务管理混乱，赤字预算、挪用公款、私设"小金库"、固定资产账实不符、截留收入、票据管理混乱等违规违纪问题十分突出。高校财务管理存在的问题归纳起来主要有以下几个方面。

（一）预算管理不完善，缺乏执行力

"凡事预则立，不预则废。"完善的预算管理制度有利于优化资源配置，提高资金的使用效率，对于资金供需紧张的高等教育学校尤为重要。虽然《高等学校财务制度》将预算管理作为高校财务管理制度改革的核心，但许多高校在实际执行中仍然存在诸多问题。归结起来，主要表现在以下几个方面：一是部分高校对预算管理的重视不足，把预算管理片面地理解为编制预算，缺乏后续管理。二是预算涵盖范围不全面，预算外收入未纳入学校综合预算，无法客观全面地反映学校的财务收支状况。三是预算编制方法不科学。高校预算经过不断的改进，采用了零基预算法、滚动预算法、综合预算法，更加科学化和精细化。但由于这些预算编制方法操作复杂，加上高校对预算的重视不足，一些高校仍然采用增量法编制预算，难以适应高校日益复杂的经济活动。四是预算执行缺乏刚性，资金收支随意性大，使预算形同虚设。

（二）资产管理意识薄弱，资源使用效率低下

高校肩负的重大社会责任和其非营利事业单位的性质使其将管理重点放在教育和科研工作上，形成了重社会效益、轻经济效益的管理意识形态。学校在日常工作中，往往重视找项目、购设备，而忽视对设备的维护管理，难以做到资产在全校范围内的共享，导致重复购置、资源浪费的现象时有发生。学校对无形资产的管理意识淡薄也导致各学院重视科研成果数量而轻视科研成果的推广应用，造成知识产权不同程度的流失。此外，部分学校在新校区建设过程中大搞形象工程、面子工程，对教育资金造成了极大的浪费。

（三）内部控制制度不健全，财务管理存在隐患

健全内部控制机制是提高高校风险管理水平、保障高校资产安全完整的重要举措。随着高校经济活动的日益复杂化，对内部控制的设计与涵盖范围提出了更高的要求。合理的内部控制机制需要高校根据国家的相关法律法规，结合自身的状况进行设计。良好的内部控制包括合理的设计和有效的执行两个方面。高校的内部控制设计经过多年的发展，取

得了很大的进步，但是仍然存在许多薄弱环节，为高校资产的安全完整埋下隐患，这种情况在多校区高校中表现得尤为突出。20 世纪 90 年代中后期以来，我国通过校际合并、建设大学城等方式形成了众多校区高校。这些举措在迅速扩大高校办学规模的同时也将高校财务管理拖入"散、杂、全、大"的困境，在管理职责划分、资源配置、收支控制等方面带来系列难题，引发诸多财务管理弊端，急需健全的内部控制对其进行规范。另有部分高校虽然有合理的内部控制制度，但在实际工作中没有进行有效的执行，使控制制度形同虚设。

（四）缺乏有效的监督，贪污腐败现象频发

近年来，高校财务廉政风险系数越来越高，不时爆发的贪污腐败案件引起了政界与学界的广泛关注。除财务管理制度不健全外，缺乏有效的监督也是一个很大的原因。内部监督方面，由于受计划经济体制遗留的影响，高校的内部组织结构仍然具有明显的行政化特征，财务部门与内部审计部门均受行政部门领导，缺乏应有的独立性，难以切实履行监督审计职责。社会监督方面，由于缺乏公开透明的高校财务信息，社会监督也难以发挥其应有的作用。虽然主管政府多次要求高校提高财务管理透明度，但是中国政法大学发布的《2010—2011 年度高校信息公开观察报告》显示，没有一所"211 工程"大学主动公开其财务信息。

二、高校财务管理制度存在的问题

（一）缺乏有效的财务监督体制

在我国，高等院校的财政来源主要是国家财政支持，然而国家仅提供高校的财政支出，不对高校的财务管理进行监督，造成资金投资者的管理缺失，缺乏对高校财务管理制度的合理监督与管理。一方面，高校的财政支出和资金用途不需要向社会进行公开，造成高校财务管理缺乏公众监督，因此很多高校的资金得不到充分的利用，一些高校所投资的项目得不到预期的投资效果，在某种程度上造成了高校财务资源的浪费；另一方面，越来越多的高校在财务管理过程中，违背了高校管理机制中的约束制度，导致高校管理与党委监督脱离，高校使用财务资金时不能够遵循相应的决策程序。现如今，高校缺乏有效的财务监督体制已经成为阻碍高校财务管理制度发展的主要问题之一。

（二）高校内部财务管理制度不完善

首先，高校内部财务管理制度不规范。俗话说"没有规矩不成方圆"。在高校的财务管理制度中，很多高校往往不能够严格按照内部的财务管理制度进行财务管理，造成高校内部的财务管理制度形同虚设；缺乏财务管理的规范性，导致一些高校的内部财务信息与实际信息不对称，内部财务管理混乱，同时出现了一些高校经济犯罪现象，不利于高校教育事业的稳定发展。

其次，现行财务管理制度与实际不符。现如今我国的各大高校所实行的财务管理制度过于陈旧，已经不能够适应我国高校的财务管理状况，缺乏符合现代高校内部财务管理需求的新制度。

（三）高校的财务管理制度缺乏科学性

从目前我国大多数高校的财务管理制度情况来看，其财务管理制度主要是在高校设置单独的财务部门，并由财务部门对高校的各项财务工作进行统一的管理，以保证高校的各项财务工作顺利进行，进而对高校的各项财务支出和经济来源进行管理。然而这种财务管理制度在一定程度上还不够完善，存在一定的财务风险，尤其是财务部门内部的人员管理、规章制度等都缺乏科学性，没有形成统一的财务管理制度体系，尤其是资金投资的相关利益者不能够参与到财务管理中，从而造成高校财务管理制度缺乏一定的科学性和民主性，而这一问题已经成为阻碍高校科学进行财务管理的主要问题。

（四）高校财务管理缺乏风险意识

首先，缺乏有效的教育成本分担机制。现如今，绝大多数高校对于教育项目的财务支出管理不善，教育成本过高，且没有达到预期的教育效果，在高校的教育成本中除了对教学设施、教育水平方面的投资外，其他绝大多数资金都用于人员开支，尤其是一些高校人员存在吃空饷的现象，严重阻碍了高校教育的发展，造成严重的成本负担，忽视了高校财务管理风险意识。为了发展教育，高校只能通过其他途径进行筹资，增加了高校财务风险。

其次，贷款风险意识较弱。为了不断扩大学校规模，提高办学水平和教学质量，很多高校会采用贷款的方式进行教育发展。然而教育发展投资较大，且教育发展成果在短时间内并不明显，造成很多高校都存在一定的贷款风险，不利于高校长期稳定发展。贷款风险意识薄弱已经成为高校长期发展的主要财务隐患。

三、完善高校财务管理制度的对策

随着高校教育的不断发展，高校财务投资越来越多，高校财务管理制度也需要不断完善，推动高校教育的发展。对于完善高校财务管理制度的措施，可以通过以下几个方面进行。

（一）建立完善的监督控制系统

第一，提高投资者的参与机制。对于投资高校教育的利益者，要不断地提高其对高校财务管理的参与机制，让投资者充分参与高校的各项经济活动，明确高校投资的各项支出，提高高校财务管理的公开性。与此同时，对于投资者来说，还需要加强对高校各项财务报表和财务数据的监督，尤其是对教育成本、资金用途等方面的财务监督，保证各项财务资源充分利用。

第二，加强高校内部财务部门监督。对于各大高校的财务部门进行监督管理，尤其是对财务工作人员素质的监管。一方面提高财务工作人员的专业素质，加强对财务核算、成本运算等财务工作的监督；另一方面完善财务考核机制，对于财务部门的各项财务工作，建立相应的考核制度，明确岗位职责和责任，促使财务部门的各项经济活动有章可循，在提高工作效率的同时，也可以根据考核结果对财务工作进行科学的监督。

（二）完善高校内部财务管理制度

对于高校内部财务管理制度不完善的问题，应不断加强高校内部财务管理和财务监督，并按照相关的财务规定和财务制度，进行不断的改进和完善，促使高校不断完善内部财务管理制度，以满足高校教育发展的现代化需求。

首先，制定和修改现有财务制度。根据学校现有的财务制度进行修改和创新，同时要结合学校教育发展的实际需求，对高校内部的财务管理制度进行修改，明确学校内部不同管理阶层的财务制度。通过建立合理的高校内部财务管理制度，规范对高校各项经济来源、教育支出以及成本的控制，有效地提高资源利用率。

其次，加强高校内部人员自控能力。对于修改后的财务管理制度，需要高校全体工作人员共同遵守，尤其是提高财务工作人员的自控能力，对于学校的各项财务资金进行合理的运用，避免利用财务便利，造成经济犯罪。

（三）建立科学的财务管理制度

建立和完善科学化的财务管理制度，一方面要结合高校的实际财务状况，对高校的财务环境进行全面系统的分析，引入统一领导、分级管理的财务制度，保证高校的各项财务项目能够落到实处，提高财务资金运用率，保障学校领导和相关投资人能够随时对高校的财务进行监督与管理；另一方面，通过分级财务管理制度，对高校各个部门进行具体的财务管理，明确各个部门的财务需求，同时，对于不同部门出现的财务问题也可以进行逐一的解决，保证财务管理制度落到实处。另外需要注意的是要规定和确认高校各部门的主要负责人，一旦发生财务问题，可以针对负责人直接询问，明确问题的导火线，进而对相关问题提出相应的措施。通过各种措施建立科学的财务管理制度，推动高校财务工作顺利进行。

（四）提高财务管理风险意识

第一，提高全体职工风险意识。在高校工作人员范围内提高财务管理风险意识，尤其是针对高校经济效益与社会整体效益中存在的风险。面对高校成本分担机制的缺失，一方面要不断地提高高校领导的财务管理风险意识，充分考虑高校的教育投资项目与成本预算之间的利益关系，降低教育成本，提高投资效益；另一方面要明确高校发展规划，结合高校的发展目标制定完善的高校发展规划，如学校规模、教学设施、师资队伍等。结合高校发展规划，对高校的财务规划进行科学的管理，提高财务管理风险意识。

第二，科学进行贷款筹资。对于高校用于发展教育的贷款筹资，一方面要合理控制贷款金额，另一方面要定期还款，避免造成信贷诚信问题，降低财务风险。

第三，完善投资管理制度建设。对于高校投资的教育发展项目，要积极采纳投资者和相关利益者的共同建议，结合高校实际情况，进行客观的投资评价，保证投资管理的科学性，有效降低投资风险，提高财务管理风险意识。

第二节　新会计制度对高校财务管理的影响

一、高校会计制度的改革要点

随着时代的发展进步，其对教育的水平要求也越来越高。为适应时代的需求，高校教育体制也在逐步变化。在这样的时代背景下，长久应用于高校财务管理的传统会计制度存在的缺陷在逐步显现，目前高校的财务管理工作已经无法满足现代高校财务管理的需求。对此，我国财政部针对原有的高校财务制度进行了修改，在 2014 年年初时正式施行新的制度。通过对比新旧会计制度，制度的改革主要体现在以下方面。

（一）高校资产反映更真实

新高校会计制度引进新的概念，对无形资产进行摊销，对固定资产进行折旧，而对于高校的流动资金，以"权责发生"的理论为基础，进行对高校资金流动的处理，不仅会确保会计信息的真实性，同时还能提升财务工作的科学性，相对传统的会计制度而言，更适合现代高校发展的需要。

（二）教育成本的核算模式

因为高校的资金流入具有多元化特点，按照权责发生制对高校的成本核算进行配比，将财政支出和非财政支出分开统计，并对其进行细致分类，更有利于支出核算和支出管理的加强，就教育成本统计而言，更加方便快捷。与此同时，对高校成本核算模式进行规范，计算出的教育成本更加准确。

（三）财务报告内容更加丰富

在新高校会计制度中，高校需要做到将财务报告上的透明度和丰富度提高，财务报告中要有关于高校资金支出、负债以及基建投资等独立明确的表格，对于重点内容和关键项目的资金流动更要做出详细注明，不可简单叙述。财务报告越丰富，信息才越准确、越可靠，这对于财务决策的正确性有非常关键的影响。

二、新高校会计制度对高校财务管理的影响

（一）加大财务管理的执行力度

由于公共财政体制的内容与我国高校的财务工作密切关联，在公共财政体制不断改革的情况下，旧制度中的预算单位与改革后的内容存在着冲突，对有效开展高校财务工作产生制约。新高校会计制度实行后，不仅满足公共财政体制关于改革的要求，同时在相关科目上也有所增加，对于高校的资金核算具有非常大的帮助作用。不仅如此，财政部门会为需要建设的高校投入资金，但是有些资金批准后并未使用，运用新高校会计制度通过余额账户的资金项目和财政部门应返还的资金进行计算，其使用情况显而易见，在保证资金透明度的前提下，确保高校的财务工作顺利展开。

（二）增加高校资金来源渠道

为了能够让更多的人接受更好的教育，近年来我国各个高校都在不断地进行生源扩招。随着高校规模的逐渐扩大，其经济负担也越来越重，因此各高校每年都会通过各种途径筹集经费。在传统经费筹集中，

国家财政部门拨款是高校的主要经费来源，然而随着目前高校的学生数量的不断增加，这种方式已经不能满足现代高校的发展需求，很多高校已经负债累累，内部财务管理工作处于复杂状态。由此反映出原有的高校会计制度已经无法适应现代的高校财务工作，不仅为高校增加财务负担，同时也使高校处于可能破产的风险中。为了满足高校的办学经费需求和发展需求，新的高校会计制度在内容上增加收入内容和余额内容，将各高校的财务状况变得更加清晰明了。此外，由于引入了权责发生制，高校财务管理人员对高校收入、支出、储存的观念有很大程度的提升，使财务管理工作更加规范。

（三）高校资产状况可以得到直接反映

据统计，固定资产占据高校资产结构的大部分比重，但是，在原有的会计制度中，并没有对固定资产的维修预算、管理策略等，给予相应的重视，很多固定资产因为较旧，已经被闲置。不仅如此，对于高校中已经报废的设备和陈旧的设备并没有进行处理，甚至很多都没有进行统计，这导致账面的资产数目与实际存在的资产项目严重不符，不能够真实地反映出高校的固定资产情况。新高校会计制度中增加了资产折旧的概念，对于比较陈旧的固定资产进行真实评定。通过科学的折旧计算手段，将陈旧固定资产的价值评定出来，改变账面与实际固定资产价值记录不符的情况。新高校会计制度可以对高校的资产价值进行精准计算，同时可以预估出固定资产的成本，更加客观、真实、有效地反映出高校的整体固定资产情况。

三、加快高校财务管理的创新

（一）改进并完善高校会计报告体系

现行高校会计制度主要报表以"资产负债表""收入支出表""支出明细表"为主，但是仅靠这三张基本会计报表来提供高校会计信息是远远不够的，应该加入"现金流量表""财务状况变动表"等基本报表，这样才能够为会计信息使用者提供更多的关于高校内部管理及其决策的会计信息，才能够未能相关部门提供评估高校办学条件、领导业绩及办学效益的相关信息。除此之外，还应该补充相应的三方报告：首先是会计报表附注部分，以文字和数据的形式对会计报表的项目的确认、列式等做出说明和解释，让报表使用者能够更为直观地理解会计报表所提供的信息。其次是会计报表的附表部分，以表格的形式提供各种明细报表，主要是对会计报表进行补充，以此促进报表使用者对基本会计报表信息的理解。最后是补充信息部分，主要以表格数据或是文字的形式在基本的会计报表和会计信息之外提供附加的补充性信息。

（二）加强预算管理

为了加强预算管理，有必要将高校的相关收入及支出、固定资产的构建及对外投资等相关资金活动纳入工作计划中，并在实施过程中严格控制、监督计划的执行，确保高校的财务管理工作有效开展。而这个工作计划相较于经济计划下的事业单位的预算管理方法有本质上的差别，因为该计划更具人性化，体现了法人的自主权。在编制预算的过程、执行、调整及执行报告时，都应该严格遵守法律法规，这样才能够使高校的资金活动有效进行并得到很好的控制。

（三）合理有效使用资金

为了保障高校资产安全完整，就必须合理配置经济资源、合理节约高校支出，并加强对各种资产的控制管理，这样才能够防止资金的流失，确保资金有效使用。在市场经济条件下，各种经济资源一般都可用货币资金进行表现和计量。由于高校法人具体明确的主体地位，且获取越来越多的独立及其自我管理的权利，因此，高校财务管理制度也必须与时俱进地进行创新发展。一方面，不断完善现有的财务管理制度，并采取新型的财务管理理念；另一方面，不断开拓资金筹集渠道，确保高校资金能够有效利用，并达到资源配置的最优化，以此来提高学校财务管理的整体水平。所以，只有合理调动和分配高校资金及其各项资产，才能使高校各种经济资源得到合理配置，并提高资金的使用率。

第三节　新时代高校财务管理制度的建设与优化

一、高校财务管理制度构建的理论基础

（一）利益相关者理论

20世纪末，利益相关者理论在企业管理等方面得到了普遍应用，成了鉴别和评估某个企业行为影响的固定公式。高校教职工、学生家长、企业、社会人士、教育部门、财政部门等高校利益相关者群体，严重制约着高校的生存和发展。所以，利益相关者理论的本质就是要求高校关注利益相关者的需要和权利，目标是让学校和利益相关者的利益最大化，研究高校财务管理的理论和方式，促进高校财务管理制度的飞跃发展。

（二）新公共管理理论

新公共管理理论在 20 世纪末的欧美国家被提出，其主要内容就是以现代经济学为中心，强化政府等公共部门加入竞争的机制，以此来达到提升服务质量的目的，协调国家、企业以及个人之间的关系，提升管理水平与服务质量，并且建立绩效考查机制，而该理论的中心内容就是消费者是否满意。高校财务管理恰好归属于公共行政的范围，其更应该重视服务质量，并且协调各个方面在财务管理方面中所发挥的作用。

二、新形势下高校财务管理制度建设的对策

（一）建立健全内控制度的监督评价机制

对财务管理制度进行审核，观察应用落实阶段是否存在不合理的内容，监督体系的完善对管理计划的全面落实起到了很大的帮助。面对新形势下的财务管理任务，高校应当针对财务管理任务建立完善的监督体系，并确保监管体系能够充分发挥效果，在监督管理期间，要以高校发展计划实现为前提，确保建设任务的进行能够得到充足的资金保障，资金的使用方向以及使用额度也能得到有效的监管控制，帮助高校平稳地渡过新形势下财务管理的过渡阶段。高校财务管理制度的建立需要一段时间，这段时间如果管理方法选择不当，就会出现财务管理混乱的情况，因此监管体系的建立要快速完成，在各部门之间形成联系，当发现监管力度下降时，可以通过各部门之间的协调优化来进一步解决，形成具有财务风险防御能力的监管体系，并促进管理计划能够在基层会计中充分落实。

（二）科学制定预算计划

针对内部控制的体系建立，高校在提升办学能力的同时，也需要长久稳定的经济收益来源，这样高校所进行的管理计划才更能贴近实际情况。新形势下开展高校财务管理工作，也可以借鉴一部分原有的管理经验，针对其中不合理的部分进行完善，这样能够节省大量的时间，对管理计划的开展能起到铺垫作用。将财务的经济收益与支出分开管理，这样所进行的监管计划更符合实际情况，高校建设计划的开展需要使用资金时也要有完善的审批流程，达到理想的建设体系，以管理制度为背景开展的财务管理更能发挥监管作用，避免管理期间出现质量不达标或者监管力度下降的问题。

（三）加强基础财会工作监管

新形势下，财务管理制度的建设理念要快速改进，对原有的管理理

念进行完善，这样最终所得到的管理制度才能在高校财务系统中进一步落实应用。管理人员的个人能力提升也是十分重要的，在岗的会计人员要定期学习先进的工作理念，并将其应用在高校财务系统工作中，通过这种方法来促进管理计划在基层的进一步落实应用。在对高校经营管理的财务资金使用情况进行预算时，要充分融合基层中所存在的问题，并采取技术方法来进一步完善，为管理任务的进行创造可行性。

三、高校财务管理制度优化措施

（一）构建完善的财务管理制度机制

针对高校财务行为，严格规范的文件有《中华人民共和国预算法》《中华人民共和国会计法》《高等学校财务制度》等，这些文件都对高校财务管理制度进行了非常详细的规定。一方面是要贯彻并且落实高校财务管理制度的法律法规，同时从各方面了解国家政府所提出的最新高校财务管理政策，学校也应该结合当地的教育部门、财政部门，充分地完善自身的财务管理制度；另一方面是需要高校结合自身的实际状况，制定出适合本校的高校财务管理制度，以此来达到落实国家财务政策的目的。

（二）加强财务管理制度的落实

在构建高校财务管理制度时，高校应该充分考虑到该制度的执行力问题，因为一旦该财务管理制度不能够有效地实施，就不能达到提升高校财务管理水平的目的，再好的财务管理制度如果得不到有效的执行，也形同虚设。所以为了更好地加强高校财务管理制度的执行力度，要求学校管理者有非常出色的管理能力及资源配置能力。

（三）重视成本效益，健全会计核算机制以及相关报告体系

财务管理制度是提升高校核心竞争能力的关键内容之一，财务中的经费使用需要充分考虑到投入产出比。倘若经费投入的利用效率不高，资源不能够得到充分的使用，此时高校在财务管理方面就会出现问题，高校的核心竞争能力就会降低。如果加强成本效益和健全会计核算机制以及会计报告机制就需要对固定资产进行提取折旧，同时还需要对高校专项资金实行收支分开核算机制，根据这些会计科目制定相关的会计核算机制，也需要增加对现金流量表的构建，增设高校人力资源成本及价值状况表格等。

四、对优化高校财务管理制度的思考

由高校财务管理体制的发展沿革可以看出，我国政府从未停止过对高校教育体制与管理制度的改革，始终把开展教育事业放在振兴国家的战略地位上。但是新时期社会经济环境和政策的变化以及学校内部管理机制尚不完善等因素使高校财务管理面临一些困境。为适应新时期的变化，维护高校的可持续、健康发展，提高教学质量，高校急需改善财务管理制度，增强财务管理能力。笔者认为，优化高校的财务管理制度可以从以下几个方面着手。

（一）拓宽筹资渠道，加强贷款管理

在财政拨款不足的情况下，高校往往依靠银行贷款来填补资金缺口。巨额负债在将高校拖入财务困境并引发社会热议的同时，也使高校的信用评级一路下滑。还贷压力严重影响着高校的可持续发展。面对这种情况，高校应当合理规划贷款规模、积极拓宽筹资渠道，防范财务风险。合理的贷款规模应当建立在科学合理的预期未来现金流量上。高校应当合理安排贷款本息的偿还时间，加强风险管理，当财务风险超过学校可接受的水平时，立刻停止贷款筹资，转向其他筹资渠道。高校作为人才培养基地，具有其他机构无可匹敌的人才优势与科技优势，应当充分发挥这些优势争取科研和社会服务收入。此外，企业和个人的捐赠也是学校收入的重要来源。以美国为例，据美国教育部相关部门统计，在1995—1996年间，个人对美国高校的经费资助超过120亿美元，校友会的捐助超过300亿美元。美国高校的社会捐助制度与美国政府的政策引导和校友回馈母校的传统密不可分。这种制度值得我国政府与高校借鉴。

（二）加强预算管理水平，提高预算执行能力

编制预算的过程也是进一步优化高校资源配置的过程，对落实高校的战略发展规划至关重要。因此，预算管理应引起学校的高度重视。高校应当实行全面的预算管理，将整个学校的财务收支作为预算管理对象，坚持"量入为出、收支平衡"的原则。在预算编制方法上，推动"零基预算"的应用，完善预算编制方法，加强预算的权威性和严肃性。此外，为加强预算的执行效力，高校可以建立预算绩效考评制度，完善激励约束机制。通过独立的绩效管理机构，根据科学的绩效考核指标对预算执行成果进行考评，配合相应的奖惩制度，提升预算执行效力。

（三）完善资产管理制度，提高资产使用效率

完善资产管理制度首先应当建立现代管理机制，建立健全管理机构，合理划分各岗位之间的职责权限，形成相互协调、相互制约的分工协作关系；然后完善资产管理的各项规章制度，将责任落实到各个管理人员，并实施问责制度，形成对资产的全方位监控。对于固定资产，应当在审批、使用、处置三个环节加强管理。首先，高校的固定资产购置应当经过充分的论证，并加强对采购与验收环节的控制。其次，高校应当健全资产的使用制度。通过资源整合，建立资源共享平台，防止重复购置和资源闲置浪费现象的发生。最后，高校需要加强资产处置制度，防止资产流失。对于无形资产的管理，除了加强评估外，还应当关注资产的应用推广。

（四）完善财务监督

适度的财务监督是经济活动合法、有序运行的重要保障。完善的财务监督制度包括内部监督和外部监督两个方面。完善内部财务监督，首先，要建立健全内部控制制度。通过过程与岗位职责制约防范违规行为的发生。其次，高校应重视内部审计部门的职能发挥，在部门设置中予以应有的独立地位，并认真审视其审计结果，保障高校的健康稳定运行。外部监督主要包括政府监督和社会监督。目前，高校存在财务信息不公开的状况，使社会监督难以发挥应有的效力。政府监督在实务中存在政出多门、立法滞后等问题，尚未形成系统、全面、高效的监督体系。借鉴发达国家的经验，对高校的财务监督可以引入中介组织，如社会审计机构、教育评估机构、经费拨发机构等。中介组织不但可以分担政府的部分职能，还可以成为联系高校与社会的纽带。

第五章　高校财务管理创新中新技术、新理念的实践探索

第一节　大数据与人工智能在高校财务管理中的应用

一、大数据对高校财务管理的影响

（一）大数据技术概述

1. 大数据的内涵

大数据是一种数量规模很大，在对其获取、存储、管理、分析等过程中，已超出了传统数据库软件工具能力范围的数据及信息的集合。大数据具有规模大、类型多、流转快、低价值密度的特点。大数据也可以称为一种产业，其优势在于专业技术人员对其现有的数据信息进行专业化处理后，为相关客户提供一种技术服务，从而获取一定的利润。

2. 大数据的特征

①容量大。数据信息数量的多少决定数据的价值和潜在的信息，容量大是大数据最为明显的特征。②种类多。大数据技术下的数据类型具有多样性、综合性的特征，来源渠道多。③速度快。大数据技术下，客户对于大数据的获得速度快、实用性强。④可变性。妨碍了处理和有效管理数据的过程。⑤价值性。合理运用大数据，以低成本创造高价值。

（二）大数据及人工智能对高校财务工作的意义

大数据与人工智能是时代发展、科技进步的一次重大变革，将影响着各行各业的发展。近年来高校教育体制改革不断完善，高校办学规模不断扩大，资金渠道越来越多，办学环境越来越复杂，高校财务管理发展也要适应时代的进步，利用大数据信息技术进行信息分析，结合现代人工智能科技提高工作效率及管理水平，防范内控风险，真正为高校发展做好资产的管理。

1. 信息处理更及时、更全面

财务会计数据是一个时期的经济事项的事后反映，等到事项结束资

金支付完毕、出具报表之后才能反映当前时期单位经济收支状况，并且无法预测未来资金使用状况。通过大数据的信息处理技术，与单位内外部的相关信息共享，可以对资金支付和使用计划进行有效预测。

2. 提高内部风险防控

高校在新发展时期机遇与风险并存，资金来源渠道多样化，使用涉及范围广，如何使资金从取得到使用发挥作用？利用预算约束机制加强高校财务风险防控，既能使资金在推动高校项目建设及学校发展方面发挥积极作用，又能有效防范可能发生的财务风险，保护资金使用安全，防止国有资产的流失。利用大数据与人工智能结合，可以对财务流程进行管理和监控、对录入信息进行数据合并统计、对既定的业务逻辑进行判断及信息关联度的分析，找到资金风险重点防控点，有效地进行内部风险防控。

3. 促进财务工作方式的变革，提高工作效率

随着电子会计档案法规的出台，国家承认会计档案电子化具有法律效力，不需要财务人员进行纸质凭证的人工装订，财务人员传统的工作将越来越少。也可以利用信息集成商旅系统解决机票、酒店等的预定问题，通过集成网络购销解决办公用品、资产采购的问题。直接和这些平台进行结算，财务人员审核工作都交由系统完成，实现从费用报销到凭证生成再到付款，通过一体化软件和各种系统的集成全过程系统自动化处理，报账程序将会被信息交换及人工智能系统取代，并有效减少在此过程中出现人为舞弊现象。

（三）大数据时代高校财务管理存在的短板

1. 财务管理制度需健全

健全的财务管理制度是高校财务工作有序开展的重要基础。在大数据时代，大部分高校仍采用传统的财务管理模式和制度，没有根据大数据时代要求和高校自身的情况对财务管理的相关制度进行科学、动态的调整，不符合大数据时代高校发展的客观要求，因此大数据技术在高校财务管理活动中的应用没有良好的制度基础和环境。

2. 财务信息化建设需提速

随着信息技术的快速发展，高校在财务信息化方面投入了大量的人力、物力和财力，高校的财务信息化也取得了长足的进步。但同时我们也应意识到，高校的财务信息化还停留在会计电算化水平，缺乏顶层设计和科学规划，不能有机融合学校整体发展战略，可能会对学校整体事业的发展产生一定的影响。因此高校应对财务信息化建设做好顶层设

计、科学规划，加快财务信息化建设步伐。

3. 财务风险意识需增强

财务风险管理是高校有效控制财务风险和妥善处理财务风险导致损失的一种管理手段。目前高校的领导大部分为非财务出身，对财务风险的理解和认识不够全面和深刻，因此对财务管理过程中存在的风险不够重视。同时高校的财务人员大部分工作时间都集中于日常报销，对学校的财务风险关注度不够，财务风险意识也比较淡薄。

4. 财务数据的整合、挖掘能力需提高

对于高校来说，每天都会产生大量与财务有关的业务数据，如师生教学相关的数据、科研项目数据、职能部门运行数据、后勤运行数据等。这些数据最终都会在财务上进行体现。目前，大部分高校并未意识到大量数据背后的潜在利用价值，同时对这些数据的整合、挖掘的能力还需要进一步提高。

5. 财务队伍的综合素质需提升

从全国高校来看，高校财务人员队伍的综合素质不高，既精通现代信息技术又熟悉高校业务活动的财务管理的复合型人才的数量偏少。财务管理理念落后、工作效率不高、责任意识比较淡薄等现象时有存在，已经对高校财务管理活动的正常运行和创新产生了一定的影响。其主要原因在于财务队伍建设的制度还不完善，因此高校应加快财务人员队伍建设，培养高素质、业务能力强的复合型财务队伍，为大数据时代高校的财务管理创新提供人才保证。

（四）大数据时代高校财务管理创新路径

1. 健全财务管理制度，实现财务规范化管理

从目前高校的财务管理体制运行情况来看，现有的财务管理制度与高校的内涵式发展和时代的需要不相适应，因此需根据高校的实际情况和时代要求完善高校的财务管理制度。首先，健全高校的全面预算管理制度。高校可以基于大数据和信息技术建立预算管理信息系统，实现预算从编制、执行、监督到评价的全过程的信息化管理，提高高校预算管理水平。其次，完善高校的收入和成本核算制度，全面、准确反映高校的收入和与之有关的各项成本。最后，完善高校的风险管理制度，建立高校风险预警机制，实现对高校各项风险的及时预警以及各种风险应对措施的构建。通过以上制度的进一步健全和完善，规范学校的各种财务活动，为大数据技术在高校财务管理中的应用奠定良好的制度基础。

2. 加快财务信息化建设，提升财务智能化水平

目前，高校的财务信息化建设已达到一定的水平，但是数据孤岛、信息孤岛的现象依然存在，因此高校财务信息化建设急需实现数据在不同部门之间的互联、共享。高校应加强和完善数据互联平台的建设，打通学校内部不同部门之间信息共享的通道，建立有效的以财务数据为核心、互联财务管理与业务管理的综合管理平台，实现财务业务信息一体化，从而促进财务智能化水平的提升。

3. 提升财务数据挖掘能力，助力学校决策

高校可以结合自身的情况从社会上引进一些具有先进数据挖掘技术的专业公司，或者利用自身的科研优势组织相关专业的人才进行数据挖掘技术的研发，利用数据挖掘技术对财务数据进行深度整合，多角度分析财务数据，提炼出更多有实际利用价值的信息，为学校的各项决策贡献财务智慧和力量。

4. 加强内部控制建设，提高风险管理水平

建立完善的内部控制制度可以确保高校财务管理活动的正常开展，也能有效控制高校运行过程中的各种风险，对高校提升内部治理水平具有重大的现实意义。高校作为事业单位，已经按照国家内部控制建设的文件要求并结合单位实际情况建立了相应的内部控制制度，但是内部控制的实施效果并不理想，未达到内部控制建设所期望达到的效果。高校可以利用互联网和大数据平台从以下几方面来加强内部控制建设：一是加大宣传力度，营造良好的内部控制环境；二是构建风险管理信息系统，利用大数据监控平台及时发现学校运行过程中存在的风险并妥善处理；三是建立内部控制监督机制，学校设立的内审部门应对内部控制制度的建立和实施情况进行有效的监督和评价，确保制度落地。

5. 加强财务队伍建设，培育复合型人才

财务队伍为高校财务管理创新提供了人员保障，财务队伍的水平直接关系到高校财务管理和服务的水平。在大数据时代，要实现高校财务管理创新就必须加强财务队伍的建设，培养掌握财务专业理论、实务知识和信息技术方面的复合型人才。一方面，高校财务人员应主动学习和掌握前沿知识，提升自身的综合素质和能力；另一方面，高校应根据自身的发展需要对相关财务人员进行专项培训，更新财务人员在财务管理、信息管理等方面的知识。高校要根据单位的工作开展情况，组织财务人员进行内部学习或外出交流培训，让财务人员获取最新的前沿信息技术和理论、实务知识，提高其综合素质和业务能力，以应对大数据时

代背景下高校财务管理的新情况和新变化。

二、"人工智能"在高校财务管理中的应用

"人工智能"是研究、开发用于模拟、延伸和扩展人类智能的理论、方法、技术及应用系统的一门技术科学，该领域的研究包括机器人、语言识别、图像识别、自然语言处理、智能检索和专家系统等。"人工智能"广泛应用于各行业，极大地提高了工作效率，节省了人力、物力，是未来经济快速发展所依赖的技术。当前"人工智能"已经达到一个高度，即机器可以代替人类扩展专业知识，从复杂文件中提取信息，并通过学习范例进而准确地识别和判断。四大会计师事务所之一的德勤就将"人工智能"引入会计、审计、资源管理等工作中，帮助员工从程序化的工作中解脱出来，投入更有价值的工作中。如果把"人工智能"应用在高校财务管理工作中将会呈现怎样的效果？笔者从以下几方面进行展望。

（一）"人工智能"在会计核算中的应用

会计核算系统的一个重要特征是全面反映经济业务的内容，其操作实务必须按照一定的会计准则和相关制度来处理，"人工智能"擅长通过规则的学习来解决这样的问题。目前在会计核算时我们已经用到了电子发票、智能凭证、图像技术、银行互联和网上预约报账等，如果进一步引入"人工智能"的虚拟现实技术，就可以实现会计核算流程的高度标准化和精简化，减少核算人员、降低成本、提高效率和准确率，最终实现会计核算工作自动化、无人化。实现方式首先需要将纸质文档电子化，并且使其能够利用机器审阅。可以通过识别软件读取、集成机器学习直接进行临摹。当纸质凭证经过扫描成为图像后，"人工智能"系统先识别图像的版式，确定原始凭证的类别，进而读取重要信息关键词，与核算科目通过系统算法进行匹配，计算出相关性数值，从而确定核算科目。目前日常工作中用到的智能凭证是将网上预约系统中已经填好的信息生成凭证，原始单据仍需人工审核。引入"人工智能"在实现机器审核原始凭证的同时完成记账凭证，进而生成总账、明细账，数据链接到相关报表，全过程无须人工。

（二）"人工智能"在财务分析中的应用

财务管理工作不仅包括报表、报告等简单数据的汇总和计算，更要通过对学校整体或专项经费的收支数据发现问题，提出建议和评价，为管理决策提供参考依据。做好财务分析的关键在于财务数据获取的准确

性、有效性以及对会计数据信息的综合利用。这就需要财务人员十分熟悉账务处理，同时需要有敏锐的洞察力、较强的分析判断力，此外丰富的工作经验也是宝贵的资源。如何从大量的数据中获取和挖掘有用信息，提高财务分析的效率和质量？"人工智能"的专家系统是解决这个问题的有效途径。专家系统是可以工作在专家水平上的计算机系统，学习并应用专家的专业知识和推理能力，模仿专家的智慧与思维方法解决通常情况下较难处理的问题。可以建立基于规则的产生式财务管理专家系统，组成部分包括信息库、推理机、解释机制和人机接口。首先，建立规则库，定义制度、规则、习惯、结论或操作流程，它是产生式规则的组合。其次，建立用于存放求解过程中各种信息的动态数据库。再次，建立推理机，它是产生式财务管理专家系统的问题求解过程，根据动态数据库的信息，通过合适的控制算法，查找可用规则，选择匹配规则进行消解。最后，构建财务管理专家系统中的解释模块，用于解答推理过程，提出相关财务结论和管理对策。财务管理的许多问题都可以利用专家系统来求解，进而提高决策效率。

（三）"人工智能"在内部控制中的应用

内部控制可以保证会计信息的真实可靠，保证学校资金及财产的安全和有效利用，通过风险评估，可以加强对学校管理薄弱环节的控制，进而防范风险，促进学校发展目标的顺利实现。内部控制建设状况如何，可以通过内部控制评价来完成，从内部环境、风险评估、控制活动、信息与沟通、内部监督五方面完成。其中任何一个环节都需要学校各部门协同合作、全员参与和支持，可以说是一个庞大的系统工程。将定性和定量评价相结合，获得客观、准确、清晰、直观的评价结果，可以引入"人工智能"的神经网络技术来实现。首先，要明确内部控制评价对象、需要评价的内容、需要解决的问题是什么。其次，把事先得到的和内部控制评价相关的各个训练模式输入指定的神经网络系统，该系统通过大量的实验比对进行内部数据处理，并且建立数学模型。最后，把需要测试的内容输入神经网络系统，系统就会自动根据之前获得的数学模型快速得到评价数值，并得出内部控制评价等级。引入神经网络可以使复杂的评价过程更快捷简便，有利于内部控制的实时监控和改进。

（四）建立基于"人工智能"的共享财务中心

目前高校应用的会计信息系统大部分仍然存在业务模块孤立、信息关联性差、财务与业务不协同的弊端，没有从全部业务处理流程的角度来实现突破。可以依据业务流程再造理论，通过"人工智能"对知识的学习能力处理和分析财务数据，以"事件驱动"为指向，实现信息共享和个性化服务。

建立共享财务中心需要明确和构建的内容包括：①事件。明确都有哪些工作、哪些资源、在什么时间、涉及哪些部门和哪些人。②数据中心。在数据中心里涵盖了控制标准、准则和业务标准、准则。事件发生时探测器将立即启动并获取事件信息保存在数据中心，数据中心的驱动系统控制器自动获取控制标准和准则；如果该工作违背了标准，则会驱动动态会计处理平台进行改进，更新优化控制标准和准则，使业务在新的优化流程支持下进行，从而实现对工作事件的实时监控。③动态会计信息处理平台。通过数据中心筛选过的信息将进入动态会计信息处理平台，平台中的业务事项将依据预定的凭证和预算控制模板自动生成会计凭证并保存。④报告模块。在报告模块中可以按照管理需要选择生成相关信息，各部门都能随时、动态地获取所需要的数据，实现数据的共同使用。共享财务中心可以嵌入内部审计和控制职能，并且共享财务中心通过平台化、标准化的工作模式，有利于学校统一执行财务规定、控制风险，也有利于打造流程高效、成本优化的管理部门。

"人工智能"的发展和应用启发我们，如果将"人工智能"深入应用到高校财务工作中，将开启高校财务管理工作的新纪元。

第二节　企业财务管理手段引入高校财务管理的实践探索

一、高校财务管理引入企业财务管理手段的可行性

（一）企业财务管理手段的优势

企业财务管理手段简单地讲就是企业为实现财务管理目标而在预算、运行、控制等方面采用的一些方法。接下来笔者依照企业财务管理特点对其优势进行简要阐述。

一是讲求资金成本。企业在筹集外部资金时会付出相应代价，同样在使用自有资金的过程中也会产生机会成本。这是企业做融资决策时需着重考虑的因素。同样，在资金的使用上企业也非常重视资金时间价值。资金时间价值是货币随时间推移发生的增值，是资金的所有者为参与社会分配而采取的让渡资金使用权的行为。企业财务管理在资金筹集、运用及分配等方面将时间价值引入其中，为提高其经营水平、做好

财务管理决策提供了重要保障。

二是全面预算管理方式在企业中方兴未艾。全面预算管理指为提高企业效益，在预算制定时依照企业目标，在企业生产、销售及财务等所有环节进行统筹考虑。预算管理水平的高低对企业长远健康发展至关重要，全面预算管理在保障企业战略目标实施、优化资源配置、提高执行力、降低成本等方面发挥了重要作用。

三是注重内部控制。企业在内部控制的建设过程中，依照自身管理过程，将财务管理涉及的各个方面统筹安排，以建立全面而完整的监督管理体系，对管理流程的关键部分，清晰列出关键节点。内控体系的建立，不仅使企业可以提供真实有效、可靠的会计信息以防范风险，更为提高经营效率、提升竞争力提供了有力支撑。

四是高度重视财务分析。财务分析是以会计核算为基础，以报表资料和其他会计信息为依据，采用分析技术及方法对企业经营的成果及财务状况进行的分析和评价，最终反映企业经营的利弊得失。财务分析既是运营成果的总结又是预测的前提，为企业的财务管理优化决策提供了重要信息支持，当前常用的分析方法有比率分析、趋势分析和因素分析。

五是注重项目投资管理。项目投资是企业财务管理中不可或缺的一环。在项目投资管理中，当企业建立一套项目决策评价体系时，很大程度上可以实现其对项目的准确评估和总结。

（二）高校与企业财务管理目标对比

财务管理目标作为财务管理逻辑的起点，决定着财务管理手段乃至最终决策的选择，下面笔者对两者财务管理目标进行对比。

2011 年，国家出台了事业单位分类改革方案，高校整体被划入"公益二类"事业单位。改革方案明确提出，财政根据单位业务特点以及财务收支的状况等，给予经费补助，同时通过政府购买相关服务等方式予以支持；高校因代替政府承担高等教育责任而产生的运行成本，得到经费补偿，除此之外的资金需求就需要通过市场来解决。改革方案的提出表明国家不再对高校的全部经费承担保障责任，高校正被一步步推向市场。2013 年新版《高等学校财务制度》出台，要求高校坚持勤俭办学方针，处理好资金供给和事业发展的关系，做到经济效益和社会效益并重。2015 年，国家下发了《统筹推进世界一流大学和一流学科建设总体方案的通知》，提出不断增强高校的财务自主权以及统筹安排资金的能力，对高校的支持力度将依据资金使用管理和相关评价考核结果进行必要的动态调整。在此背景下，还将"达到收支平衡"作为高校财务管理目标显然已经过时。新时期，应将优化高校资源配置、不断提升资金使用效率、力求经济效益和社会效益最大化作为高校财务管理的目标。

关于企业财务管理的目标，当前主要有以下四种观点：

一是企业利润最大化。持利润最大化观点的人认为，利润的多少代表了企业创造财富的能力，是衡量企业经营状况和财务管理水平的标志。将利润最大化作为目标在 20 世纪 50 年代以前的西方非常流行，但其存在概念模糊不清、未考虑风险差异等问题。单纯追求利润最大化，还会造成财务决策者的短期行为，最终影响企业的长远发展。

二是每股盈利或净资产收益率最大化。每股盈利适用于上市公司，而非上市公司对应净资产收益率最大化。这两个财务指标都以净利润为基础，虽然和利润最大化目标相比有明显进步，但仍然没能克服其只注重短期行为的缺陷。

三是股东财富最大化。股东财富最大化是指通过财务上的运营，为股东带来更多财富，衡量方法是股票价格最大化。此种观点近年来较为流行，但对于非上市公司较难适用，并且对非股东的关系人利益不够重视，在利益主体间易产生矛盾和冲突。

四是企业价值最大化。企业价值最大化是指通过企业在财务上的合理运营，在保证企业长远发展稳定的基础上，选用最好的财务政策，同时考虑资金时间价值、风险与报酬间的关系，最终使企业的总价值最大。企业价值最大化作为财务管理的目标，有效地克服了前述三种观点存在的不足，同时较其他观点具有更广泛的意义，也是现代企业发展的必然要求。当前，以价值最大化作为企业财务管理目标赢得了绝大部分学者的支持。

将高校与企业财务管理目标进行对比可以看出，企业对经济效益非常注重，而高校既关注经济效益，也重视社会效益；但两者的本质均为提高资金使用效率，使自身的总价值最大化。这就使得，当前在财务管理手段的使用上两者虽然有所出入，但并不妨碍将企业预算、内控、分析等财务管理手段引入各高校，同时将企业财务管理手段引入高校有很强的现实意义。

（三）高校财务管理引入企业财务管理手段的意义

一是能够为高校建立全面的预算管理体系提供参考。预算管理是财务管理的核心环节，当前高校还没有全面预算管理的理念，预算编制不科学，执行效果不明显。有些学者讲高校是"编"制财务报表，这很大程度上源于预算的可行性差。引入企业全面预算管理手段，有助于学校建立更加科学、高效、可行性强的预算管理体系，对高校资源加以合理利用，进行优化配置，促进各高校健康、快速发展。

二是有助于提升高校内部控制水平。当前，高校管理层大多缺乏内部控制意识，导致当前学校在财务管理方面出现了一些问题。内控只有全程贯穿学校的决策、执行和监督，才能对高校经济行为进行全面掌控。将企业内部控制框架引入高校，不仅能加强管理层财务控制意识，更能贯穿学校经济活动全程，实现全面掌控；同时对于遏制管理层权力导致的腐败、保证学校资产的安全完整、提高会计信息的准确性和可靠性都有重大意义。

三是能够提升高校财务分析的质量。在市场经济的背景下，财务分析对于高校财务管理尤为重要。当前虽有《高等学校财务分析指标》，但其显得过于简单和概括。大多数高校财务分析仍然保持在预算内、预算外资金收入的金额、预算完成程度、支出经费构成阶段，对于支出结构合理与否、是否进行科学配置、影响收入内外因素等很少涉及。引入企业财务分析手段能更好地全面反映高校财务运行状况，提高资金使用效率，为学校的发展提供可靠的依据。

四是能够促进高校建立更加完善的考评体系。高校的性质和企业有很大的差异，高校是创造知识、传播知识的载体，效益无法用一般的考评手段来度量。但是如果忽视对高校财务管理的考评，员工的积极性就无法更好地调动。从企业财务管理手段中汲取营养，可以有效促进学校建立一套较完善的考评体系，使高校财务管理水平得到有效评价，财务管理中的优势与劣势获得充分识别。

二、高校财务管理引入企业财务管理手段面临的问题

（一）转变财务管理理念

随着教育体制改革的不断深入，高等教育市场化趋势越发明显，高校面临的财务环境也产生了深刻变化。但多数高校仍将财务管理重点放在会计核算和记账工作上，未能转变重核算、轻管理的理念。不仅如此，当前高校还存在缺乏投入产出意识、不考虑资金成本等问题，使得企业财务管理手段难以引入。在当前形势下，要引入企业财务管理手段，就必须解放思想、转变观念。各高校经费来源渠道日渐广泛，事业收入、经营收入、其他收入占比逐年提高。扩大办学规模、改善办学条

件，新校区建设等都对资金的筹集提出了更高的要求。鉴于此，转变财务管理理念就至关重要。在理念上由核算型向管理型转变，将办学成本与效益挂钩，转变财务管理意识，不仅能促进高校财务管理水平的提升，更是引入企业财务管理手段的前提。

（二）提高财务人员素质

财务工作是一项技术性、专业性很强的工作，财务人员作为高校财务管理的第一线执行者，其素质的高低很大程度上决定了高校引入企业财务管理手段后的实施效果。当前，高校财务人员素质还不能完全满足财务管理工作的需要。要想企业财务管理手段真正发挥作用、落地生根，就必须提升高校财务人员的素质。

一方面要充实财务人员的业务知识。随着社会的进步和高校的快速发展，当前的财务工作已经被赋予了更多新的内涵，财务内容也日益拓展。新手段、新方法的引入，就需要财务人员掌握新的知识。加强业务知识的培训，举办业务知识竞赛，在单位营造学习之风，使财务人员业务知识水平迅速提升。

另一方面要拓展高校财务人员眼界，增强工作人员的管理与决策能力。很多高校的财务工作长期停留在账务的报销核算上，对财务管理工作重视不足，造成财务人员视野不够开阔，未能摆脱因长期身处具体事务而产生的狭隘意识。当前财务部门不仅仅是单纯的职能部门，还要积极参与到高效发展决策之中。这就要求财务人员开阔视野，提升财务管理能力，这样才能使得高校财务管理工作获得长远发展。

（三）充分利用现代化信息手段

当今社会，计算机网络技术发展一日千里。企业财务管理手段的引入也离不开财务管理信息化。当前高校财务部门虽已基本实现电算化，但从整体看，信息化建设水平还比较低，未能充分运用当代科学技术手段，完善当前财务软件各种应用功能。受到人员编制的限制，近年来高校财务人员规模基本保持不变。通过信息化的建设，将高校财务人员从烦琐的经费核算中解放出来，实现工资、学院经费、专项经费、科研经费、部门预算等的自助查询。通过搭建高校、银行、财政结为一体的信息化网络平台，实现网上办公，做到数据的实时采集、同步处理与信息共享，减少财务人员的往返奔波。通过数字化校园建设，增强学校各部门数据与信息的共享，减少重复劳动，提升工作效率，最终为引入企业财务管理手段提供坚实的支撑。

三、高校引入企业财务管理手段的路径

随着"西部大开发"和"一带一路"建设的逐步深入，高校也面临着巨大的历史机遇。当前的财务管理手段已不能完全满足高校快速发展的需要。由于企业财务管理有着更高的要求，其采用的财务管理手段对当前高校财务管理工作也有着很强的借鉴性。高校引入企业财务管理手段，对于提升财务管理能力，促进高校的发展意义深远。

（一）引入企业全面预算管理体系

1. 全面预算编制前期部署

要确保高校顺利引进全面预算管理手段，保障全面预算管理的有效性，可以从以下几点入手：一是要建立由主管财务的校领导负责的全面预算管理委员会。委员会主任由主管财务的校领导担任，委员由财务处、发展规划处、教务处、科研处、审计处等相关职能处室负责人、各学院院长、专家教授代表及教职工代表等组成。委员会职责为主持召开预算会议；讨论、决定、修改学校全面预算管理实施办法；依照学校战略目标、自身办学条件以及社会环境确定学校整体的预算目标，对各部门预算方案进行最终审核；根据实际情况对部门预算进行调整；对各部门预算执行情况进行考核评价。二是要建立对全面预算管理负责的预算管理处。预算管理处领导可以由财务处负责人兼任，财务处人员为主要工作人员。预算管理处职责为：根据学校整体的预算目标对任务进行分解，确定各职能处室、学院任务；对各职能处室、学院编制的预算草案进行初审；汇总全校预算草案上报全面预算管理委员会；对各职能处室、学院执行情况进行控制、分析并定期上报。三是要设置各职能处室、学院预算员岗。预算员职责为：接受预算管理处及各职能处室、学院的领导，根据下达的预算任务负责本部门预算草案的编制。四是要进行广泛调研。学校组建调研组，一方面对职能处室、学院进行走访，广泛征求对实施全面预算管理的意见和建议，了解各单位预算编制、执行设想；另一方面对实施全面预算管理效果显著的企业进行考察，为实施好全面预算管理打牢坚实的基础。五是要出台全面预算管理规章制度。规范管理，制度先行，要推行全面预算管理，首先学校要制定切实可行的规章和制度。在此基础上预算管理处对规章制度进行细化，制定实施细则，提高规章制度在学校及职能处室、学院的适用性，同时强化预算的权威性。向全校各部门宣传实施全面预算管理的好处，使全面预算管理的规章制度深入人心，减少推行的阻力。

2. 全面预算的编制

调查发现，现阶段高校基本采用增量预算法。按照增量预算法进行预算编制，仅仅依照学校财务整体状况、新增支出、物价上涨指数，不对预算基数部分进行深入分析，就会造成精细化不足。高校要想实现跨越式发展，改进预算方法是大势所趋，而当前企业实施的零基预算法能较好地改变此种状况。引入全面预算管理，应当采用零基预算法作为预算编制的准则，即编制新的年度预算应当一切从零出发，而不考虑之前年度确定的预算额。当前国家提出依照高校发展现状进行动态资金支持，在实施零基预算法时，高校应该按照资金使用效果对资源投入进行打乱重组，重新分配和整合。划分预算指标时依照业务开展所占的权重，编制出不同以往的预算。高校零基预算的编制应遵循以下几个原则：一是确保预算编制的合理性和科学性；二是分清重点，把钱花在刀刃上；三是预算编制严格依照程序规则，做到公开透明，经得起检验。

预算编制具体方法为：

一是全面预算管理委员会依照学校战略目标、自身办学条件以及社会环境确定学校整体的预算目标。

二是预算管理处根据处室及学院的发展规划、发展规模及发展需求对投入产出比进行衡量，按照结果对预算目标进行任务分解，从而确定各职能处室及学院的预算目标。

三是由各职能处室、学院编制预算草案。在编制预算草案前，预算员对预算期内所有费用的开支以及取得的效果进行全面分析，并权衡其轻重，以挑出先后，区分层次。编制预算草案时依照必要支出（即必须发生的支出）、需要支出（即提高教学科研水平的支出）、改善支出（即改善办公教学等工作条件的支出）进行分类编制，并将分析结果及预算草案上报预算管理处。

四是预算管理处对各单位上报的分析结果及预算草案进行初审。对下达的预算目标与上报的预算草案不一致的单位，进行深入剖析研究，提出预算草案调增或调减方案，交由相应的职能处室、学院，并进行备案。

五是职能处室、学院根据预算管理处提出的调整方案进行预算草案调整并上报。

六是预算管理处对各单位上报的预算草案进行汇总，并针对每个职能处室、学院的预算草案做出分析报告，并上报全面预算管理委员会。

七是全面预算管理委员会召开预算会议，对各单位预算草案进行全面了解，并听取预算管理处所做的分析报告，按照学校发展目标对各单位预算草案进行调整，确定各职能处室、学院预算并上报学校党委会。

八是学校召开党委会研究讨论预算方案，讨论通过后下达年度预算方案并开始实施。

3. 全面预算的执行

（1）强化预算执行的刚性。没有执行力的团队，再好的点子也塑造不了成功，正所谓"工欲善其事，必先利其器"。同理，如果高校预算执行刚性不足，预算管理的优越性便无法全面发挥，达到迅速提高学校财务管理水平的目的。

强化预算刚性要做到以下几点：一是实行由电脑系统控制的经费支出系统。电脑控制系统以财务处（预算管理处）为信息中心，分别连接校领导和各职能处室、学院，并根据职能划分，设定相应权限。学校领导和各职能处室、学院通过电脑控制系统可以实时掌握预算执行情况，及时有效地掌握预算信息。学校可以依此做出合理的决策，确保预算可以顺利执行。财务处（预算管理处）通过电脑控制系统设置可以避免超预算支出和无预算支出现象的出现，并可以提前发布预警信息。这样不仅减轻了财务人员的负担，更重要的是减少了人为因素对预算执行的干扰，增强了预算的约束。二是加强会计核算控制。由会计对各职能处室、学院发生的经费支出与下达的预算进行对比，通过科学的分析方法，判断两者是否存在差异。为了确保预算执行的有效性，对存在的差异进行分析并及时纠偏，使预算的执行不会脱离预算目标确定的方向。三是实行审批权限控制。由全面预算管理委员会对各级管理者审批的权限、范围、程序以及相应的责任做出全面的规定，并覆盖全部的经济业务。各级管理者根据确定的权限、范围，依照程序行使权力，以规避推诿扯皮等现象，确保学校预算目标的实现。

（2）严格预算调整程序。调查问卷统计结果显示，高达94.7％的高校对预算进行过调整。学校预算要确保其严肃性和有效性，原则上不应进行调整。当遇到外部环境的巨大变化、学校发展目标进行调整及其他突发事件等对预算顺利执行影响很大时，进行预算调整也就成了必然。对于必须要进行的调整，职能处室和学院要严格按照预算调整方案执行，根据调整金额的多少，按照审批权限及流程上报学校预算管理委员会乃至学校党委会审批。未经批准，任何部门不得对预算进行调整。预算调整审批流程如图5-1所示。

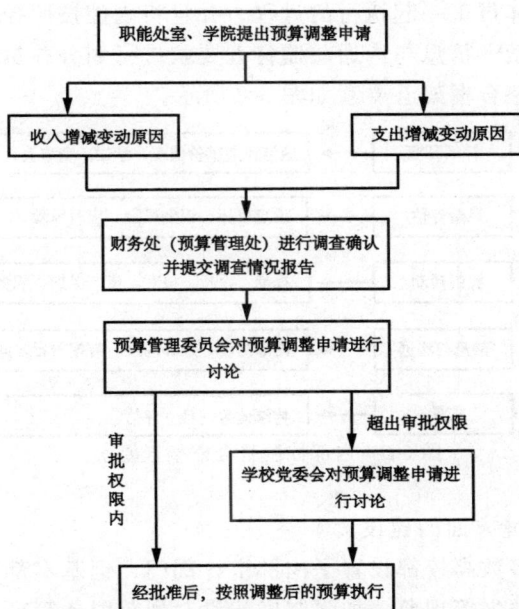

图 5-1　预算调整审批流程图

（3）建立预算执行考评信息反馈机制。对高校来说，建立预算执行考评信息反馈机制有助于其及时掌握预算执行情况，保障全面预算管理的顺利实施。一是要成立预算执行信息反馈中心，这样有助于确保及时收集到预算执行中的各种信息，并有效地进行反馈。二是要明确职能划分，明确各职能处室、学院的职责，以便各环节的信息得到及时的反馈，做出恰当的处理。三是搭建网络反馈信息平台，保障信息反馈的高效快捷。

（二）完善高校财务内控监督体制

近年来，徇私舞弊、弄虚作假等现象在高校时有发生。有些工作人员假公济私，利用职务之便做出损害学校利益的行为。这表明当前高校在财务内控中仍有很多瑕疵，未能建立完善的监督体制。在企业中，COSO 内部控制框架的应用极大地提高了财务运行的有效性和财务报告的可靠性。为更好地提高高校财务管理效率，以 COSO 内部控制框架为基础，完善内控监督体制正当其时。

1. COSO 内部控制框架简述

COSO 提出了内部控制整合框架，认为内部控制是决策者、管理人员及单位全体员工一起执行的过程，并且将内控按照控制环境、风险评估、控制活动、信息与沟通、监督五要素进行划分并贯穿于各项业务中。内部控制整合框架五要素如图 5-2 所示。

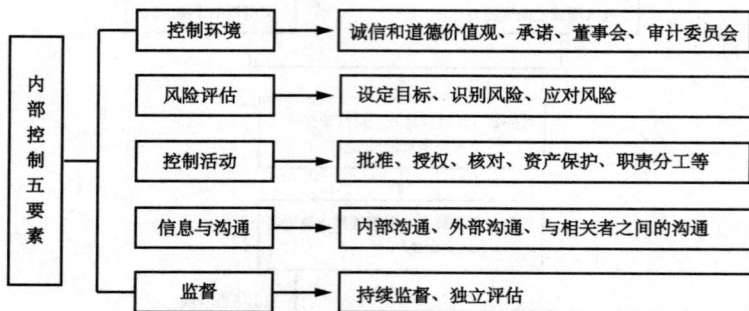

```
                  ┌──────────┐      ┌─────────────────────────────────┐
              ┌──▶│ 控制环境  │ ───▶ │ 诚信和道德价值观、承诺、董事会、审计委员会 │
              │   └──────────┘      └─────────────────────────────────┘
 ┌─────┐      │   ┌──────────┐      ┌─────────────────────────────────┐
 │ 内  │      ├──▶│ 风险评估  │ ───▶ │ 设定目标、识别风险、应对风险              │
 │ 部  │      │   └──────────┘      └─────────────────────────────────┘
 │ 控  │      │   ┌──────────┐      ┌─────────────────────────────────┐
 │ 制  │ ─────┼──▶│ 控制活动  │ ───▶ │ 批准、授权、核对、资产保护、职责分工等      │
 │ 五  │      │   └──────────┘      └─────────────────────────────────┘
 │ 要  │      │   ┌──────────┐      ┌─────────────────────────────────┐
 │ 素  │      ├──▶│ 信息与沟通 │ ───▶ │ 内部沟通、外部沟通、与相关者之间的沟通      │
 └─────┘      │   └──────────┘      └─────────────────────────────────┘
              │   ┌──────────┐      ┌─────────────────────────────────┐
              └──▶│ 监督      │ ───▶ │ 持续监督、独立评估                      │
                  └──────────┘      └─────────────────────────────────┘
```

图 5-2　内部控制整合框架五要素

2. 控制环境方面的建设

虽然绝大多数高校都设置了内部审计部门，但基本都存在内控制度不健全、制度缺失等现象。加强制度建设对规范财务管理行为、提高财务管理有效性有非常明显的效果。此外，为了加强高校内部审计的独立性，审计部门财务预算草案的申报及预算的调整可以直接报至财务管理委员会。与此同时，要加强诚信建设，在源头上防止舞弊现象出现，可以由内部审计部门主导在学校教职工中开展诚信、道德模范评比活动，不断提升教职工的道德素养。

3. 风险评估方面的建设

风险评估是建立好内控监督体制的前提，关系着内控监督体制的成败。只有将高校财务管理中的风险点全部识别出来，才能真正做到有的放矢，进行相应的控制与监督。高校风险评估建设包含以下几个方面：一是找准风险评估的目标，确保其与学校的财务管理目标相一致，如确保财务报告的真实、准确；学校资金得到高效使用；固定资产得到安全高效配置；财务活动的合法合规。二是依照评估目标设定评估标准，对存在的风险点进行全面识别。三是对存在的风险进行合理的应对。对高校来说，为减少风险的危害程度，资产安全、资金短缺等方面的风险可采用风险降低策略，其他方面的风险可采用风险规避策略。

4. 控制活动方面的建设

一是完善货币资金的控制，最大限度地减少现金的使用。加强与财政部门和银行的合作，拓展收支方式，利用转账支票、电汇、网上银行、公务卡、POS机、圈存机等的普及应用做到零现金支付，并最小限度地收取现金，确保现金不过夜。

二是加强实物资产控制。确保实物资产的取得、领用、发出、保管、盘点、处理等各个环节均依照内控流程办理。建立责任倒查机制，实物保管落实到个人，对重要资产配备监控设施，且对于特别贵重物品进行投保。

三是建立定期轮岗制度，对风险评估出的高风险岗位进行定期轮岗，防止出现监守自盗等情形。

四是严格执行不相容岗位分离制度，不能因人手短缺等原因使不相容岗位由一人兼任，要形成相互监督、相互制约的格局。

5. 信息沟通渠道的建设

一是建立信息采集抽查机制。一方面要建立信息采集责任制，明确相关人员责任和义务，对采集的数据要严格审核，确保真实可靠；另一方面要建立抽查机制，由审计部门对数据信息进行定期或者不定期抽查，对于发现的造假现象严肃追责。

二是加强信息系统建设。加大对信息管理系统的投入，依托数字化校园建立完善的信息沟通网络，整合财务相关数据，并将采集到的信息和在内控风险评估中识别出的风险点嵌入信息系统，完成内控监督的信息化。通过引进信息化专业人才及加强工作人员的业务培训，建立一支信息管理团队以满足信息沟通的需求。

6. 内控监督的建设

加强高校内控监督的建设，做到内部监督与外部监督相结合，进行独立评估、持续监控。在内部审计充分发挥作用的同时，要定期聘请注册会计师对财务内控执行情况及学校账目进行审计，由会计师事务所出具独立的审计评估报告。同时由财政、税务等部门定期对高校进行专项审计，对违法行为进行通报，形成学校自身、企业、政府三位一体的监督体系。

第三节 基于服务理念的高校财务管理的创新

一、高校财务服务的内涵与特点

（一）高校财务服务的内涵

著名思想家马克斯·韦伯认为，任何一项事业的背后，必然存在一种无形的精神力量，即"理念""信念"。赫斯凯特指出，任何服务理念都会涉及提供的服务对象、服务范围、服务方式、服务者与被服务者对服务的价值认可等。财务服务是指财务部门遵循国家统一的财务法规、财务制度，按照严格的财务规则，通过具体业务处理，确保各相关财务主体合法权益的实现，并提供相应的财务信息。财务服务过程就是一定财务利益主体意图的执行过程，它依赖相应的财务组织机构和内设的岗位及职责，在岗位职责履行中实现财务利益主体的利益获得和利益保护。而高校财务服务，是指高校的财务部门基于单位的发展计划和经济状况，根据财务管理要求对预算内、外资金的筹措、计划、组织、使用、监督和调节，通过收、支会计核算，增收节支，为学校各部门开展业务活动提供资金支持，同时加强财务预算管理，促进高校教学、科研等工作顺利开展。

（二）高校财务服务的特点

1. 服务对象复杂性

财务服务对象与财务活动中所涉及的财务主体密切相关，凡是参与一定财务活动的财务主体都是财务服务的对象。高校财务以资金活动为主，随着高校对外、对内经济往来频繁，资金流所链接起来的财务主体都应纳入财务服务对象。高校财务服务对象对外可包括政府部门和其他社会组织、学生家长、学生及社会个人，他们是高校资金的投资者和发生资金活动的主体。高校财务通过科学的资金管理和使用，发展教育事业，创造良好的教学科研条件，优化学习环境，完成投资者对其资金投入所期望的目标任务，从而达到财务服务的效果。高校财务服务对象对内则指校内各单位和师生员工。高校财务通过提供资金管理、资金预算与分配、财务专业咨询、财务信息等为校（院）领导财务决策、师生教学科研活动服务。

2. 服务时效性

财务服务时效性体现在常规性的财务服务上，如日常业务报销、业务办理、财经法规咨询等，这些属于财务部门的日常基本业务。财务部门需要长期面对来办理财务业务的师生员工，以及有经济往来的外来公司和经销商等。同时，财务服务临时性和反复性特点较强，就某个财务问题可能会针对多个服务对象经常反复地被提出和解答，即刻产生的服务效果明显，但这种效果也会逐步淡化，同一个服务对象或许会再次提出相同的问题，那么财务服务必须持续保持这种时效性效果。

3. 服务质量差异性

服务本身与提供财务服务的个体能力、态度、情绪相关，不同的财务人员会就同一财务服务体现出不同质量的财务服务。高校财务人员在为师生员工提供财务服务时，往往会因为财务人员的业务素质、工作态度、责任心以及对财务政策的解读角度存在差异，而产生不同的服务预期效果。同时，这种服务质量差异还体现在被服务主体对财务人员所提供的业务指导的接受程度和认可程度，满意与不满意都存在不同的评价标准。

4. 服务手段依赖性

"工欲善其事，必先利其器"。财务本身就是技术性、专业性较强的群体协作服务活动，服务质量与服务所依托的服务手段先进与否有相关性关系。过去高校财务活动依靠手工进行记账、核算，分发工资和学生收费等，然而随着计算机信息技术和网络技术的发展，高校财务信息化水平不断提高，高校财务通过局部网络和远程互联网，构建完整的财务信息数据库，通过校园网络平台，链接校内人事、资产、图书、设备、教务、学工、就业等相关职能部门和学院，开展一系列的财务收支活动，提高了财务服务效率和服务质量。目前，各高校结合财务治理结构框架，利用信息平台，构建财务决策支持体系，积极推行财务精细化预算、核算和决算，实现网上预约报账、无等候报账和无现金支付等，这些服务成果的体现需要服务手段的更新和改进。

5. 服务内容多元化

高校财务是高校事业发展的核心保障。高校承担着科学研究、人才培养和服务社会三大功能，高校资金所涉及的高校利益相关主体关系非常复杂，各利益主体对高校财务需求千差万别，财务服务内容也日趋多元化。原有财务服务主要以日常记账、算账和报账为主，但是现在高校对财务的要求不断提高，学校战略发展和管理决策依赖于财务部门提供的资金信息、债务信息，运用财务数据来做出有关未来事业的发展的决策。学院和其他二级单位更需要财务部门为其财务报销、资金预算和对外协作等提供财经政策咨询和经费业务指导。当然，教职工更关心的是福利待遇改善和工资津贴发放服务，学生则在意学杂费的交纳，奖、贷、助、勤、免、补等资助性财务服务内容。

6. 财务服务规范性与原则性

财务总是为一定利益主体服务的，具有利益倾向性，因此财务服务的前提是必须符合国家相关财经法规和财务规章制度，代表国家意志开展财务服务和财务监督。财务服务在开展过程中所依托的财务服务环境是财经法规较为完善，且各财务利益主体对财经法规是认可的，具有一定的财经纪律意识，这样财务服务才能够很好地开展，而且达到服务的目的。如果服务环境发展不成熟，作为实施财务服务的财务部门也应该将财经法规的宣传和执行贯穿于财务活动中，不断增强服务对象的财务规范意识，这样才能确保财务服务活动的顺利进行。

二、提升高校财务服务的现实意义

长期以来，高校财务往往将"财务管理"与"财务监督"贯穿于整个财务管理过程中，高校财务始终代表国家主体和学校主体意志，负责管理教育经费的分配与使用。特别是近年来，国家颁布的一系列规章制度都把"财务监管"放在首位，加强财务内控建设，规范财务管理，加大财经监管力度等。然而，对于高校财务部门来说，在贯彻落实国家教育财政经费各项制度的同时，也肩负着高校组织教育事业发展的财力保障的重任，要引导教育经费使用的规范和高效率。因此，在当前财务环境较为复杂和财务矛盾相对集中的情况下，提出财务服务具有较为重要的现实意义。

（一）重新定位高校财务职能，突出财务服务的作用

财务服务与监督是高校财务的两大基本职能。一直以来，财务主要定位于财务监督，财务部门就是贯彻实施财经法规的主体，财务部门对经费预算分配和经费使用都严格按照相关财务程序要求进行办理，对不符合财务规范的予以禁止办理。宏观上来看，财务旨在监督，然而在微观上则体现为财务服务。财务服务保障职能更多体现在财务部门的其他方面，财务服务是高校财务监督职能的延伸和提高的集中体现，而高效是财务管理的基本目标。目前，在高校财务职能多元化的发展中，财务服务逐步成为高校财务的鲜明定位。很多高校财务牢固树立服务宗旨，把国内外倡导的"服务质量至上"的观念引入财务工作中来。例如，四川某高校曾提出"服务至上、精益求精"；山东大学则将财务服务与学校事业发展相结合，提出"服务一流大学建设"；湖南湘潭大学要求"热诚服务"；山西太原理工学院提出"增强服务意识、提高服务质量"；南京邮电学院要求"文明服务"等财务工作宗旨，进一步突出了财务服务的作用。特别是近年来高校面临着各种复杂的经济活动和复杂的财务关系，这种财务服务职能应更加明确，财务部门和财务人员在职能上更应主动思考和探索今后财务作用如何发挥，财务服务到什么程度才能更

好地发挥财务管理、财务决策、财务咨询等的作用。

（二）进一步调和财务制度刚性规范与利益主体多元需求之间的矛盾

财务本身制度性特点较强，财务活动都按照一定的规则与标准进行。财务制度的规范要求全面、系统和深入，对经济活动影响深远，且贯穿于活动的始终，甚至未来。同时，财务制度一般在历史特定环境下才能有所调整，所以其刚性要求较强。由此，财务制度的实施与改变，需要利益主体自我调整意识，主动适应这种制度性带来的刚性要求。当然，人们对某种事物的接受存在一定的过渡期，人们需要逐渐去认识、了解和认可这种制度带来的会触及他们利益的结果。高校经费结构的多元化形成了各种利益主体，他们对高校及财务的需求不同，但这种需求自然会受到财务制度的影响和制约。因此，对于近年来国家出台的中央八项规定和地方政府的各种硬性规定，如"三公"经费、培训费、会议费、差旅费以及科研经费等的规范和限制，各高校利益主体都存在思想意识上的抵触，这种矛盾直接反映到财务部门的压力就是"报账难""使用难"，其实质不在"难"，是理解"难"，才执行"难"。当然，高校财务既是执行财经政策的主体，也是宣传和解决财经政策的主体，在贯彻落实财经政策时，需要通过财务服务去协调和缓和这种制度性矛盾，加大财务沟通，减少财务压力，从而在贯彻财务制度和规范财务行为的同时，提高财务管理质量，保障学校师资稳定和教学科研水平持续增长。

（三）有助于强化财务人员职业服务意识，加快财务团队建设

在日常财务业务管理中，财务人员对开展财务工作的认识仅仅停留在岗位职责的履行上，对业务处理和工作态度主要出于职业道德，认为是职责所在，或者出于人情因素。服务周到、态度端正也只是本身职业和个人为人处世的要求，从而认识不到职业对自身服务意识的要求。推行财务服务工作，首先要求对财务人员职业服务意识进行强化，促使财务人员对任何办理财务业务的主体都一视同仁，而且业务指导态度端正，业务咨询更为耐心细致、全面清晰。同时，通过对财务人员职业服务意识的强化，能够促使财务人员自觉找到与师生们的需求差距，加强业务学习，不断提高业务服务能力，由此也能够从整体上提高财务人员的业务水平和综合素质，构建高水平的财务团队。

（四）有利于增进财务沟通，推进财经政策的宣传与落实

财务服务的目标就是加强与服务对象之间的交流与沟通，让服务对象感受到财务服务切实为他们考虑经费的规范性和科学性使用问题，帮

助他们在财经法规允许的范围内有效率和有效益地使用经费。搞好财务服务，一方面要求财务部门主动服务，"点对点""一对一"地将财经政策真正宣讲到各单位、学院和师生个人，要使他们充分认识到财经政策和财务规章制度是国家规定的，如何依法依规使用经费是有法可依、有法必依、违法必究的，树立师生们的财经纪律意识；另一方面财务服务工作的开展，能够提高各单位及师生对财务部门职责的正确认识，财务部门的职责是执行财经政策，引导和规范经费的使用，而不是主宰政策的主体，由此可缓解财务部门的工作压力和矛盾冲突，建立和谐的财务关系。

（五）降低财务风险，提高财务管理水平

当前，高校面临着较为复杂的财务环境，多元化利益交织在一起，财务部门所应对的财务风险不断加大。这种财务风险不仅仅是资金效益风险，而且也包括由财务管理引发的利益风险，如财务人员业务能力不足，对财经政策执行偏差风险、监管不到位风险，还有与其他相关利益者经济往来所带来的利益纠纷风险、诉讼风险等。因此，对于财务部门来说，要做好各种财务风险的协调者，通过财务服务，将有效的监督贯穿于各项经济活动之中，坚持以服务为先导，借助服务载体来改善理财环境，最大限度地降低财务管理风险，综合协调各级利益关系，确保财务管理有序、健康发展。

（六）现有财务信息化发展状况与未来趋势为财务服务的提升创造了良好的硬件环境

财务信息化建设，是财务部门加大财务服务宣传、增强财务管理信息透明度的重要途径。财务信息化建设包括财务处理的信息化和财务信息服务的信息化。财务处理的信息化有利于进一步改进传统的账务处理方式，加强多校区财务管理，提高会计核算管理效率，方便了师生员工办理财务手续。同时，在财务核算信息化的基础上，通过与现代网络技术相结合，实现网络平台上的财务信息服务的信息化，推行"阳光财务"，公开高校财务信息，从宏观层面上公开财政教育经费的投入、使用和管理的相关财务信息；从微观上逐步公开学校有关财务预算、决算、重大支出项目等信息，减少信息的不对称，让社会各界关心关注高校各类财务信息、财务流程，促进社会与高校、家长与高校、学生与学校财务、教工与财务、相关职能部门与财务之间的沟通协调、相互监督，从而提高财务信息质量。

三、高校提升财务服务水平的战略思考

提升高校财务服务水平是一项系统化工程，涉及面较广，财务服务的改进不是一句空话，也不是缺乏基础的空中楼阁，需要有坚实的载体。多年来，高校财务服务被理论界和业务界所提及，然而却一直没有得到高校主管的重视和高校财务组织本身的关注。当前，笔者提出提升高校财务服务水平战略，是基于现有高校外延式发展后的内涵式发展的客观要求，同时也是高校教育经费逐年加大投入后在教育经费绩效管理方面所采取的重要措施。高校财务服务战略的推进，必将会促使高校解决在梳理高等教育大众化进程中所遗留的各种财务问题，厘清各种复杂的财务关系，摆脱原有旧的管理体制下存在的诸多束缚，从而焕然一新，获得创新和大发展的活力。

（一）营造良好的服务环境，提高财务服务认识

1. 统一思想认识，彰显财务服务意识

提倡财务服务，旨在更好地发挥财务职能的决策参谋作用、咨询服务作用，规范和引导教育经费按一定财经纪律的规定高效益使用，使资金效用最大化。提倡财务服务，就是对财务部门工作质量的考验，无论是财务主管还是一般财务人员，要敢于应对财务矛盾，勇于承担财务责任，对财务工作中存在的问题积极面对，认真解决，大胆创新和尝试改革。财务服务是财务部门对外的服务，每位财务人员都要以良好的心态和实际行动去实践财务服务。因此，财务部门人员需要统一思想认识，清晰认识到财务服务推行的财务环境和服务目标，在心理上接受这种服务理念，树立财务服务意识，克服推行中所遇到的各种利益冲突，以问题解决问题来弥补需求差距，逐步实现财务服务优质、高效和满意的终极目标。

2. 优化办公功能，提供优越方便的办公环境

财务办公环境是提供财务服务和展现财务形象的重要窗口，办公环境的硬件配备和整个环境的布置对财务人员和师生们都存在不同程度的影响。财务人员的工作情绪、师生们对财务部门的职能需求都需要优越的办公条件来保障。宽敞明亮的报销大厅给人以视觉上的轻松和舒适，完整清晰的财务流程让被服务者一目了然，查询与打印设施的配备提供快捷方式，一站式的报销程序和无等候网上预约、无现金报销模式减少了师生们长时间等候的耗费，专门的咨询服务台、即刻回复的短信告知平台、随时登录的大厅无线网络等都是能够体现财务服务质量的重要因

素。优越、舒适、快捷、便利，进一步反映出财务服务的人文关怀和换位思考理念，提高教职工对财务服务质量的满意度。

3. 加大财务服务文化宣传，形成良好的校园文化氛围

财务服务文化是财务文化的组成部分，而财务文化又是校园文化的内容。财务服务文化依赖于校园文化的建设，通过校园文化的传播才能够贴近全校师生，与师生们日常的财务行为发生联系。财务服务文化不仅是对国家和学校的财务规章制度的宣传，对财务知识的普及，也将与财务相关的廉政文化、师生的财经纪律教育、师生自我利益的维护和正确行使相关财务权利等与校园文化交织在一起，形成良好的校园氛围，达到财务服务宣传效果。

（二）搭建全方位的财务服务框架，创造良好的服务条件

1. 完善财经制度建设，明确经济责任，切实推进依法治校、依法理财

近年来，我国深化教育领域综合改革和财务管理体制改革不断深入，《高等学校财务制度》《高等学校会计制度》和《行政事业单位内部控制规范（试行）》，以及《中华人民共和国预算法》等相关财务制度的出台和贯彻实施，使原有的财务规章制度需要进行全面的修订和完善。党的十八届四中全会明确提出全面推进依法治国的总目标，对于高校财务管理来说，依法治校、依法理财是必然的要求。做好财务服务工作，其前提是要有开展财务服务的依据，在财务规章制度的约束下实施财务行为。完善的财经制度能有效推进财务服务，明确经济责任，依法治校，按财务规则办事，不偏不倚，公平公正，才能拥有真正的财务自信。

2. 优化财务流程，减少办事程序，提高工作效率

全面、清晰、简单、高效的财务流程是财务服务水平的集中体现。纵观各种财务矛盾的诱发因素，其实质在于很多高校财务部门对财务流程的重视不够，财务部门一味强调财经纪律和财务风险，注重财务监管，没有在优化财务流程、减少办事程序方面狠下功夫。工作效率的提高在于办事流程的简单明了，尽管财务规定较多，但是对应的财务指南却说法不一。因此，财务流程要努力做到一事一议，程序简单，审批有效，有针对性地快速解决问题，如此一来，财务部门既提高了工作效率，也做好了财务服务工作，就会赢得师生员工的广泛认可。

3. 加大财经政策宣传，普及财务知识，减少信息不对称

财经政策宣传是提高财务政策透明和财务政策执行力的必然途径。

高校财务环境越复杂，财经政策出台和宣传越频繁。宣传财经制度，一方面要真正使财经制度的主要内容和明文规定宣传到各财务利益相关者，使其在某种程度上了解制度文件的基本精神；另一方面政策宣传要使各财务利益相关者正确理解财经制度的要点，并按规定开展财务活动。因此，在财务服务过程中，重视和加强财经政策的解读、宣传，也能够为财务服务工作的顺利开展奠定良好的基础，把财务矛盾化解在前期财经政策宣传阶段，避免因制度理解与执行偏差所带来的经济利益损失。宣传财经政策可以充分通过财务网页，设置制度、流程、政策法规及其他栏目，集中宣传，集中答问，透明公开，减少信息不对称，普及财务知识。同时，财务部门服务大厅，制度、流程、重要财务信息上墙，为师生员工主动学习财经政策提供最大方便。组织召开财务专题培训会，定期或不定期召开全校各单位分管财务负责人及财务经办人财务专题培训会议，集中学习和交流国家及学校的最新财务制度。

4. 搭建信息化平台，推进财务信息公开

财务信息化平台是财务部门对外宣传和指导财经业务的重要平台，搭建财务信息化平台是增进财务部门与各单位人员财务指导和财务沟通的重要手段。财务信息化主要包括三个主体，即信息公开平台、信息查询平台和信息反馈平台。信息公开平台是财务部门通过网页发布各种学校下达的财务制度、各类财务信息和财务服务指南的平台。例如，财务报销的表格、财务报销流程显示、报销办法，通过信息公开平台发布，以供各利益相关者获取学校重要财务信息指标，以便进行单位投资规划。信息查询平台以互联网为单位、为单位财务经办人、单位财务负责人、经费负责人、师生员工个体等提供单位预算经费查询，核算信息查询，公积金、工资和个税、学费查询等服务。信息反馈平台就是将师生对财务信息存在的疑问、对财务部门工作存在的意见，以及各二级单位需要及时上报给主要职能部门有关教育事业发展、学校财力、银行资金结构等所需的事业发展状况、专项经费建设情况、学院学生有关财务信息，及时有针对性地反馈给相关利益者，满足他们的信息需求和信息使用。

5. 财务咨询平台，突出财务服务效果

财务咨询在一定程度上反映了师生们对学校财务管理工作的关注程度，表明他们参与学校财务工作的频率，同时也体现了师生们对财务工作信息缺乏了解渠道和熟悉程度较浅。目前，财务部门所面临的财务咨询是来自多方面的信息，而且咨询也是多人参与、多种回复口径的，由此也造成了同一财务问题处理的不同办法，甚至还会引起财务关系问题。因此，财务部门设置统一的财务咨询平台，包括面对面的财务咨询、网络咨询及电话咨询等，专人负责回复，专人解答。财务咨询人员通过财务咨询，加强与服务对象的沟通，广泛征求财务意见，集中反馈和解决问题。由此提高了财务工作效率，达到了财务主动服务的目的，同时也能够促使财务咨询人员积极参与财务知识的学习和更新、对整个学校财务工作的了解，提高个人业务素质。通过轮流承担财务咨询任务的方式，财务部门整个财务人员业务水平和对外服务的综合素质都能得到全面提高。

6. 实施财务联络员与财务秘书制度，加强一二级财务之间的政策宣传和业务指导

拓展财务职能，财务工作延伸到各单位、各学院，开展财务联络员活动，建立财务负责人、科长、财务一般岗位人员三级分层联络制度，财务部门人员与各单位财务负责人、财务经办人及教职员工和学生主动联络，走进学院，走进部门，贴近专家，分类宣传，专人解释，增进了解。同时，实行财务秘书制度（财务干事），进一步明确各单位和学院财务经办人的岗位职责，加强对财务秘书的业务培训，使他们明确对所在单位经费报销业务的初审责任，帮助教职工把握财经政策，将相关政策规章深入人心，减少财经政策执行矛盾。财务联络员与财务秘书是加强一二级财务联动工作机制的核心，财务部门贯彻各级经济责任制，实行"点对点"专人对口联系，有计划、分期分批地走进学院，结对共建，互通、互联、互动、互助，实现财务部门与全校各单位、广大师生之间的"无缝对接"。实施财务联络员与财务秘书制度，做好财务服务日常联络表，完善财务服务工作记录，有助于监督财务联络员和财务秘书加强财务业务学习，提高他们的组织纪律性和廉政风险管理识别水平，丰富财务人员绩效考评机制，较好地将财务人员业务考核与服务考核结合起来，有效激发他们的上进心和工作热情。

（三）构建财务服务评价指标体系，客观考核财务服务成效

财务服务工作是一项综合性工作，服务质量高低综合评价因素较多。在考评财务服务质量时，由于财务效果反映的特殊性，在方法应用上应采用定性描述与定量描述相结合的办法。根据财务性质和特点，财务服务评价指标体系可包括三个一级指标，即财务服务综合指标、财务服务信息质量指标和财务服务规范质量指标。财务综合指标主要是通过对宏观层面的描述打分来评价服务质量，包括财务管理体制、财务监督

机制、内控制度完善、财务流程清晰、机构设置与人员分工、财务信息公开、财务手段和财务文化等内容。财务服务信息质量指标指通过财务服务、财务指导，直接体现在学校经费管理、经费分配、经费使用、财务风险所达到的管理效果，这些指标可以通过财务指标来计量。财务服务规范质量指标则是反映财务服务在规范财务活动方面所体现的服务效果。例如，筹资、投资、负债、收入、支出等管理方面，通过财务服务的延伸职能达到对学校财务活动的规范效果。同时，财务服务评价也需要得到参与财务服务活动的各利益主体的认可，采用一定的财务服务质量问卷调查意见表可收集他们对财务服务质量的评价意见，通过问卷的整理可得到较为客观的评价数据。综合各指标体系，形成定量化的指标进入模型构建，从而实现财务服务评价定量模型，在不断优化后可广泛用于高校财务服务评价工作，有利于财务主管部门依托相关实证结论，对影响财务服务质量的部分因素进行整改和完善，从而提升财务服务水平。

参考文献

[1] 钱玉竺．云时代高校财务管理研究［J］．榆林学院学报，2017
(4)：122-124.

[2] 张红伟．新时代财务管理面临的问题与对策研究［J］．山西农经，
2018 (4)：88.

[3] 闫坤，张鹏．以经济规律特性认识我国新时代发展特征［J］．财
贸经济，2017，38 (12)：5-18.

[4] 许薇娜．高校财务管理优化研究［D］．济南：山东财经大
学，2016.

[5] 王洛．高校财务管理模式研究［D］．大连：大连理工大学，2014.

[6] 李晴．沈阳Ａ学院财务管理模式的创新研究［D］．武汉：武汉工
程大学，2014.

[7] 王琳．高校财务管理模式改革探讨［J］．合作经济与科技，2017
(1)：91-92.

[8] 祁晗．高校财务管理制度存在的问题与对策分析［J］．教育现代
化，2016 (23)：160-161.

[9] 尉桂华．新形势下高校财务管理若干问题研究［M］．成都：西南
交通大学出版社，2015.

[10] 孙妮娜，高萌，栾永顺，等．"人工智能"在高校财务管理中的
应用探讨［J］．行政事业资产与财富，2017 (27)：51＋53.

[11] 陈良．大数据时代高校财务管理创新的研究［J］．经济师，2018
(4)：192-193.

[12] 杨昭．新疆高校引入企业财务管理手段研究［D］．乌鲁木齐：新
疆大学，2017.

[13] 鲜亮．企业财务管理视角下的高校财务管理研究［J］．现代经济
信息，2018 (5)：252.

[14] 梁勇，干胜道．高校财务管理新思考：构建财务服务创新体系
［J］．教育财会研究，2017 (1)：10-16.

[15] 姜良松，任元明．基于微信公众平台的高校财务服务创新研究

［J］．高校财会，2018（7）：133－135.

［16］黄娴．高校财务管理制度的优化对策探析［J］．中国市场，2017
（30）：188－189.

［17］唐荣红．浅谈我国高校财务管理制度的优化发展［J］．经济师，
2014（1）：180－182.

［18］肖飞，栾岚，祝慧洁．信息化背景下的高校财务管理新模式研究
［J］．价值工程，2017（36）：79－80.

［19］孙杰．高校财务管理创新理念与关键问题探索［M］．长春：吉
林大学出版社，2018.

［20］梁展澎，宋文婧．数据仓库及OLAP技术在高校财务管理的应用
研究及实证分析［J］．财务管理，2017（16）：34－35.

［21］金云美．高校财务管理与控制［M］．北京：中国经济出版
社，2012.

［22］徐国强．我国高校财务管理现状及应对措施［J］．财务管理，
2010（24）：47－48.

［23］弓秀玲．高校财务管理模式创新研究［J］．内蒙古科技与经济，
2017（22）：54＋65.

［24］王澍．高校财务管理新思考：构建财务服务创新体系［J］．现代商
贸工业，2018（20）：58－59.

［25］金辉．新形势下关于高校财务管理创新模式的几点思考［J］．教育
时空，2017（23）：162－163.

［26］王丹．知识经济时代高校财务管理模式改革和创新［J］．经营与
管理，2016（3）：144－145.

［27］张曾莲．高校财务管理创新研究［M］．北京：经济管理出版
社，2016.

［28］李敏盈．大数据时代下高校预算精细化管理［J］．中国总会计
师，2017（7）：66－67.

［29］李长山．现阶段我国高校财务管理的若干问题研究［M］．北京：
北京理工大学出版社，2017.

［30］黄韬．高校财务管理内部控制的探讨［J］．中央财经大学学报，
2015（8）：55－62.

［31］马勇．高校财务管理的问题与策略研究［J］．中国市场，2018
（6）：210＋219.

［32］白雪蕊．对我国高校财务管理制度建设的研究［J］．财经界（学

术版），2017（12）：65－66.

[33] 杜莉．高校财务管理现状及对策研究［J］．财会学习，2017（20）：17－18.

[34] 马金娥．新高校会计制度对高校财务管理的影响探讨［J］．纳税，2018（5）：54＋56.

[35] 傅玲燕．顺应新时代要求，优化高校财务管理的内部控制工作［J］．经贸实践，2018（1）：236－237.

[36] 邱勤．浅谈高校财务管理信息化的发展趋势［J］．纳税，2018（8）：77.

[37] 郑晓薇．基于现金流量的高校财务困境预警研究［D］．上海：东华大学，2012.

[38] 王怡．会计信息化下的高校财务管理流程再造研究——以J大学为例［D］．镇江：江苏大学，2017.

[39] 刘罡，王玉斌．农业高校财务管理改革理论与实践（四）［M］．北京：中国农业大学出版社，2012.